ESTISCH
WOORDENSCHAT

THEMATISCHE WOORDENLIJST

NEDERLANDS
ESTISCH

De meest bruikbare woorden
Om uw woordenschat uit te breiden en
uw taalvaardigheid aan te scherpen

7000 woorden

Thematische woordenschat Nederlands-Estisch - 7000 woorden

Door Andrey Taranov

Woordenlijsten van T&P Books zijn bedoeld om u woorden van een vreemde taal te helpen leren, onthouden, en bestudering. Dit woordenboek is ingedeeld in thema's en behandelt alle belangrijk terreinen van het dagelijkse leven, bedrijven, wetenschap, cultuur, etc.

Het proces van het leren van woorden met behulp van de op thema's gebaseerde aanpak van T&P Books biedt u de volgende voordelen:

- Correct gegroepeerde informatie is bepalend voor succes bij opeenvolgende stadia van het leren van woorden
- De beschikbaarheid van woorden die van dezelfde stam zijn maakt het mogelijk om woordgroepen te onthouden (in plaats van losse woorden)
- Kleine groepen van woorden faciliteren het proces van het aanmaken van associatieve verbindingen, die nodig zijn bij het consolideren van de woordenschat
- Het niveau van talenkennis kan worden ingeschat door het aantal geleerde woorden

T&P Books Publishing
www.tpbooks.com

ISBN: 978-1-78492-331-0

Dit boek is ook beschikbaar in e-boek formaat.
Gelieve www.tpbooks.com te bezoeken of de belangrijkste online boekwinkels.

ESTISCHE WOORDENSCHAT
nieuwe woorden leren

T&P Books woordenlijsten zijn bedoeld om u te helpen vreemde woorden te leren, te onthouden, en te bestuderen. De woordenschat bevat meer dan 7000 veel gebruikte woorden die thematisch geordend zijn.

* De woordenlijst bevat de meest gebruikte woorden
* Aanbevolen als aanvulling bij welke taalcursus dan ook
* Voldoet aan de behoeften van de beginnende en gevorderde student in vreemde talen
* Geschikt voor dagelijks gebruik, bestudering en zelftestactiviteiten
* Maakt het mogelijk om uw woordenschat te evalueren

Bijzondere kenmerken van de woordenschat

* De woorden zijn gerangschikt naar hun betekenis, niet volgens alfabet
* De woorden worden weergegeven in drie kolommen om bestudering en zelftesten te vergemakkelijken
* Woorden in groepen worden verdeeld in kleine blokken om het leerproces te vergemakkelijken
* De woordenschat biedt een handige en eenvoudige beschrijving van elk buitenlands woord

De woordenschat bevat 198 onderwerpen zoals:

Basisconcepten, getallen, kleuren, maanden, seizoenen, meeteenheden, kleding en accessoires, eten & voeding, restaurant, familieleden, verwanten, karakter, gevoelens, emoties, ziekten, stad, dorp, bezienswaardigheden, winkelen, geld, huis, thuis, kantoor, werken op kantoor, import & export, marketing, werk zoeken, sport, onderwijs, computer, internet, gereedschap, natuur, landen, nationaliteiten en meer ...

["

UITSPRAAKGIDS

Letter	Estisch voorbeeld	T&P fonetisch alfabet	Nederlands voorbeeld

Klinkers

a	vana	[ɑ]	acht
aa	poutaa	[ɑ:]	maart
e	ema	[e]	delen, spreken
ee	Ameerika	[e:]	twee, ongeveer
i	ilus	[i]	bidden, tint
ii	viia	[i:]	team, portier
o	orav	[o]	overeenkomst
oo	antiloop	[o:]	rood, knoop
u	surma	[u]	hoed, doe
uu	arbuus	[u:]	fuut, uur
õ	võõras	[ɔu]	snowboard,
ä	pärn	[æ]	Nederlands Nedersaksisch - dät, Engels - cat
ö	köha	[ø]	neus, beu
ü	üks	[y]	fuut, uur

Medeklinkers

b	tablett	[b]	hebben
d	delfiin	[d]	Dank u, honderd
f	faasan	[f]	feestdag, informeren
g	flamingo	[g]	goal, tango
h	haamer	[h]	het, herhalen
j	harjumus	[j]	New York, januari
k	helikopter	[k]	kennen, kleur
l	ingel	[l]	delen, luchter
m	magnet	[m]	morgen, etmaal
n	nöör	[n]	nemen, zonder
p	poolsaar	[p]	parallel, koper
r	ripse	[r]	roepen, breken
s	sõprus	[s]	spreken, kosten
š	šotlane	[ʃ]	shampoo, machine
t	tantsima	[t]	tomaat, taart
v	pilves	[ʋ]	als in Noord-Nederlands - water
z	zookauplus	[z]	zeven, zesde
ž [1]	žonglöör	[ʒ]	garage, journalist, Engels - pleasure

Opmerkingen

[1]   alleen in leenwoorden

AFKORTINGEN
gebruikt in de woordenschat

Nederlandse afkortingen

abn	-	als bijvoeglijk naamwoord
bijv.	-	bijvoorbeeld
bn	-	bijvoeglijk naamwoord
bw	-	bijwoord
enk.	-	enkelvoud
enz.	-	enzovoort
form.	-	formele taal
inform.	-	informele taal
mann.	-	mannelijk
mil.	-	militair
mv.	-	meervoud
on.ww.	-	onovergankelijk werkwoord
ontelb.	-	ontelbaar
ov.	-	over
ov.ww.	-	overgankelijk werkwoord
telb.	-	telbaar
vn	-	voornaamwoord
vrouw.	-	vrouwelijk
vw	-	voegwoord
vz	-	voorzetsel
wisk.	-	wiskunde
ww	-	werkwoord

Nederlandse artikelen

de	-	gemeenschappelijk geslacht
de/het	-	gemeenschappelijk geslacht, onzijdig
het	-	onzijdig

BASISBEGRIPPEN

Basisbegrippen Deel 1

1. Voornaamwoorden

ik	mina	[mina]
jij, je	sina	[sina]
hij	tema	[tema]
zij, ze	tema	[tema]
het	see	[se:]
wij, we	meie	[meje]
jullie	teie	[teje]
zij, ze	nemad	[nemat]

2. Begroetingen. Begroetingen. Afscheid

Hallo! Dag!	Tere!	[tere!]
Hallo!	Tere!	[tere!]
Goedemorgen!	Tere hommikust!	[tere hommikus't!]
Goedemiddag!	Tere päevast!	[tere pæeʋas't!]
Goedenavond!	Tere õhtust!	[tere ɜhtus't!]
gedag zeggen (groeten)	teretama	[teretama]
Hoi!	Tervist!	[terʋis't!]
groeten (het)	tervitus	[terʋitus]
verwelkomen (ww)	tervitama	[terʋitama]
Hoe gaat het?	Kuidas läheb?	[kuidas l'æheb?]
Is er nog nieuws?	Mis uudist?	[mis u:dis't?]
Dag! Tot ziens!	Nägemist!	[nægemis't!]
Tot snel! Tot ziens!	Kohtumiseni!	[kuhtumlsɛnı!]
Vaarwel!	Hüvasti!	[hʋʋas'ti!]
afscheid nemen (ww)	hüvasti jätma	[hʋʋas'ti jætma]
Tot kijk!	Hüva!	[hʋʋa!]
Dank u!	Aitäh!	[aitæh!]
Dank u wel!	Suur tänu!	[su:r tænu!]
Graag gedaan	Palun.	[palun]
Geen dank!	Pole tänu väärt.	[pole tænu ʋæ:rt]
Geen moeite.	Pole tänu väärt.	[pole tænu ʋæ:rt]
Excuseer me, ... (inform.)	Vabanda!	[ʋabanda!]
Excuseer me, ... (form.)	Vabandage!	[ʋabandage!]
excuseren (verontschuldigen)	vabandama	[ʋabandama]

zich verontschuldigen	vabandama	[ʋabandama]
Mijn excuses.	Minu kaastunne	[minu ka:sʲtunne]
Het spijt me!	Andke andeks!	[andke andeks!]
vergeven (ww)	andeks andma	[andeks andma]
Maakt niet uit!	Pole hullu!	[pole hulʲu]
alsjeblieft	palun	[palun]

Vergeet het niet!	Pidage meeles!	[pidage me:les!]
Natuurlijk!	Muidugi!	[mujdugi!]
Natuurlijk niet!	Muidugi mitte!	[mujdugi mitte!]
Akkoord!	Ma olen nõus!	[ma olen nɜus!]
Zo is het genoeg!	Aitab küll!	[aitab kɵlʲl!]

3. Kardinale getallen. Deel 1

nul	null	[nulʲ]
een	üks	[ɵks]
twee	kaks	[kaks]
drie	kolm	[kolʲm]
vier	neli	[neli]

vijf	viis	[ʋi:s]
zes	kuus	[ku:s]
zeven	seitse	[sejtse]
acht	kaheksa	[kaheksa]
negen	üheksa	[ɵheksa]

tien	kümme	[kɵmme]
elf	üksteist	[ɵksʲtejsʲt]
twaalf	kaksteist	[kaksʲtejsʲt]
dertien	kolmteist	[kolʲmtejsʲt]
veertien	neliteist	[nelitejsʲt]

vijftien	viisteist	[ʋi:sʲtejsʲt]
zestien	kuusteist	[ku:sʲtejsʲt]
zeventien	seitseteist	[sejtsetejsʲt]
achttien	kaheksateist	[kaheksatejsʲt]
negentien	üheksateist	[ɵheksatejsʲt]

twintig	kakskümmend	[kakskɵmment]
eenentwintig	kakskümmend üks	[kakskɵmment ɵks]
tweeëntwintig	kakskümmend kaks	[kakskɵmment kaks]
drieëntwintig	kakskümmend kolm	[kakskɵmment kolʲm]

dertig	kolmkümmend	[kolʲmkɵmment]
eenendertig	kolmkümmend üks	[kolʲmkɵmment ɵks]
tweeëndertig	kolmkümmend kaks	[kolʲmkɵmment kaks]
drieëndertig	kolmkümmend kolm	[kolʲmkɵmment kolʲm]

veertig	nelikümmend	[nelikɵmment]
eenenveertig	nelikümmend üks	[nelikɵmment ɵks]
tweeënveertig	nelikümmend kaks	[nelikɵmment kaks]
drieënveertig	nelikümmend kolm	[nelikɵmment kolʲm]
vijftig	viiskümmend	[ʋi:skɵmment]

eenenvijftig	viiskümmend üks	[ʋi:skʉmment ʉks]
tweeënvijftig	viiskümmend kaks	[ʋi:skʉmment kaks]
drieënvijftig	viiskümmend kolm	[ʋi:skʉmment kolʲm]

zestig	kuuskümmend	[ku:skʉmment]
eenenzestig	kuuskümmend üks	[ku:skʉmment ʉks]
tweeënzestig	kuuskümmend kaks	[ku:skʉmment kaks]
drieënzestig	kuuskümmend kolm	[ku:skʉmment kolʲm]

zeventig	seitsekümmend	[sejtsekʉmment]
eenenzeventig	seitsekümmend üks	[sejtsekʉmment ʉks]
tweeënzeventig	seitsekümmend kaks	[sejtsekʉmment kaks]
drieënzeventig	seitsekümmend kolm	[sejtsekʉmment kolʲm]

tachtig	kaheksakümmend	[kaheksakʉmment]
eenentachtig	kaheksakümmend üks	[kaheksakʉmment ʉks]
tweeëntachtig	kaheksakümmend kaks	[kaheksakʉmment kaks]
drieëntachtig	kaheksakümmend kolm	[kaheksakʉmment kolʲm]

negentig	üheksakümmend	[ʉheksakʉmment]
eenennegentig	üheksakümmend üks	[ʉheksakʉmment ʉks]
tweeënnegentig	üheksakümmend kaks	[ʉheksakʉmment kaks]
drieënnegentig	üheksakümmend kolm	[ʉheksakʉmment kolʲm]

4. Kardinale getallen. Deel 2

honderd	sada	[sada]
tweehonderd	kakssada	[kakssada]
driehonderd	kolmsada	[kolʲmsada]
vierhonderd	nelisada	[nelisada]
vijfhonderd	viissada	[ʋi:ssada]

zeshonderd	kuussada	[ku:ssada]
zevenhonderd	seitsesada	[sejtsesada]
achthonderd	kaheksasada	[kaheksasada]
negenhonderd	üheksasada	[ʉheksasada]

duizend	tuhat	[tuhat]
tweeduizend	kaks tuhat	[kaks tuhat]
drieduizend	kolm tuhat	[kolʲm tuhat]
tienduizend	kümmo tuhat	[kʉmme tuhat]
honderdduizend	sada tuhat	[sada tuhat]
miljoen (het)	miljon	[miljon]
miljard (het)	miljard	[miljart]

5. Getallen. Breuken

breukgetal (het)	murd	[murt]
half	pool	[po:lʲ]
een derde	kolmandik	[kolʲmandik]
kwart	neljandik	[neljandik]
een achtste	kaheksandik	[kaheksandik]

een tiende	kümnendik	[kumnendik]
twee derde	kaks kolmandikku	[kaks kol'mandikku]
driekwart	kolm neljandikku	[kol'm neljandikku]

6. Getallen. Eenvoudige berekeningen

aftrekking (de)	lahutamine	[lahutamine]
aftrekken (ww)	lahutama	[lahutama]
deling (de)	jagamine	[jagamine]
delen (ww)	jagama	[jagama]

optelling (de)	liitmine	[li:tmine]
erbij optellen	liitma	[li:tma]
(bij elkaar voegen)		
optellen (ww)	lisama	[lisama]
vermenigvuldiging (de)	korrutamine	[korrutamine]
vermenigvuldigen (ww)	korrutama	[korrutama]

7. Getallen. Diversen

cijfer (het)	number	[number]
nummer (het)	arv	[arʊ]
telwoord (het)	arvsõna	[arʊsɜna]
minteken (het)	miinus	[mi:nus]

| plusteken (het) | pluss | [pluss] |
| formule (de) | valem | [ʊalem] |

| berekening (de) | arvutamine | [arʊutamine] |
| tellen (ww) | lugema | [lugema] |

| bijrekenen (ww) | arvestama | [arʊes'tama] |
| vergelijken (ww) | võrdlema | [ʊɜrtlema] |

| Hoeveel? (ontelb.) | Kui palju? | [kui palju?] |
| Hoeveel? (telb.) | Mitu? | [mitu?] |

som (de), totaal (het)	summa	[summa]
uitkomst (de)	tulemus	[tulemus]
rest (de)	jääk	[jæ:k]

enkele (bijv. ~ minuten)	mõni	[mɜni]
weinig (bw)	natuke	[natuke]
restant (het)	ülejäänud	[ulejæ:nut]

| anderhalf | poolteist | [po:l'tejs'ʲt] |
| dozijn (het) | tosin | [tosin] |

middendoor (bw)	pooleks	[po:leks]
even (bw)	võrdselt	[ʊɜrdsel'ʲt]
helft (de)	pool	[po:lʲ]
keer (de)	üks kord	[uks kort]

8. De belangrijkste werkwoorden. Deel 1

aanbevelen (ww)	soovitama	[so:ʋitama]
aandringen (ww)	nõudma	[nɜudma]
aankomen (per auto, enz.)	saabuma	[sa:buma]
aanraken (ww)	puudutama	[pu:dutama]
adviseren (ww)	soovitama	[so:ʋitama]

afdalen (on.ww.)	laskuma	[laskuma]
afslaan (naar rechts ~)	pöörama	[pø:rama]
antwoorden (ww)	vastama	[ʋasʲtama]
bang zijn (ww)	kartma	[kartma]
bedreigen (bijv. met een pistool)	ähvardama	[æhʋardama]

bedriegen (ww)	petma	[petma]
beëindigen (ww)	lõpetama	[lɜpetama]
beginnen (ww)	alustama	[alusʲtama]
begrijpen (ww)	aru saama	[aru sa:ma]
beheren (managen)	juhtima	[juhtima]
beledigen (met scheldwoorden)	solvama	[solʲʋama]

beloven (ww)	lubama	[lubama]
bereiden (koken)	süüa tegema	[sɰ:a tegema]
bespreken (spreken over)	arutama	[arutama]

bestellen (eten ~)	tellima	[telʲima]
bestraffen (een stout kind ~)	karistama	[karisʲtama]
betalen (ww)	maksma	[maksma]
betekenen (beduiden)	tähendama	[tæhendama]
betreuren (ww)	kahetsema	[kahetsema]
bevallen (prettig vinden)	meeldima	[me:lʲdima]
bevelen (mil.)	käskima	[kæskima]
bevrijden (stad, enz.)	vabastama	[ʋabasʲtama]
bewaren (ww)	säilitama	[sæjlitama]
bezitten (ww)	valdama	[ʋalʲdama]

bidden (praten met God)	palvetama	[palʲʋetama]
binnengaan (een kamer ~)	sisse tulema	[sisse tulema]
breken (ww)	murdma	[murdma]
controleren (ww)	kontrollima	[kontrolʲima]
creëren (ww)	looma	[lo:ma]

deelnemen (ww)	osa võtma	[osa ʋɜtma]
denken (ww)	mõtlema	[mɜtlema]
doden (ww)	tapma	[tapma]
doen (ww)	tegema	[tegema]
dorst hebben (ww)	juua tahtma	[ju:a tahtma]

9. De belangrijkste werkwoorden. Deel 2

een hint geven	vihjama	[ʋihjama]
eisen (met klem vragen)	nõudma	[nɜudma]

excuseren (vergeven)	vabandama	[ʋabandama]
existeren (bestaan)	olemas olema	[olemas olema]
gaan (te voet)	minema	[minema]

gaan zitten (ww)	istuma	[isʲtuma]
gaan zwemmen	suplema	[suplema]
geven (ww)	andma	[andma]
glimlachen (ww)	naeratama	[naeratama]
goed raden (ww)	ära arvama	[æra arʋama]

grappen maken (ww)	nalja tegema	[nalja tegema]
graven (ww)	kaevama	[kaeʋama]

hebben (ww)	omama	[omama]
helpen (ww)	aitama	[aitama]
herhalen (opnieuw zeggen)	kordama	[kordama]
honger hebben (ww)	süüa tahtma	[sʉːa tahtma]

hopen (ww)	lootma	[loːtma]
horen (waarnemen met het oor)	kuulma	[kuːlʲma]
huilen (wenen)	nutma	[nutma]
huren (huis, kamer)	üürima	[ʉːrima]
informeren (informatie geven)	teavitama	[teaʋitama]

instemmen (akkoord gaan)	nõustuma	[nɜusʲtuma]
jagen (ww)	jahil käima	[jahilʲ kæjma]
kennen (kennis hebben van iemand)	tundma	[tundma]
kiezen (ww)	valima	[ʋalima]
klagen (ww)	kaebama	[kaebama]

kosten (ww)	maksma	[maksma]
kunnen (ww)	võima	[ʋɜima]
lachen (ww)	naerma	[naerma]
laten vallen (ww)	pillama	[pilʲæma]
lezen (ww)	lugema	[lugema]

liefhebben (ww)	armastama	[armasʲtama]
lunchen (ww)	lõunat sööma	[lɜunat søːma]
nemen (ww)	võtma	[ʋɜtma]
nodig zijn (ww)	tarvis olema	[tarʋis olema]

10. De belangrijkste werkwoorden. Deel 3

onderschatten (ww)	alahindama	[alahindama]
ondertekenen (ww)	allkirjastama	[alʲkirjasʲtama]
ontbijten (ww)	hommikust sööma	[hommikusʲt søːma]
openen (ww)	lahti tegema	[lahti tegema]
ophouden (ww)	katkestama	[katkesʲtama]
opmerken (zien)	märkama	[mærkama]

opscheppen (ww)	kiitlema	[kiːtlema]
opschrijven (ww)	üles kirjutama	[ʉles kirjutama]

plannen (ww)	planeerima	[plane:rima]
prefereren (verkiezen)	eelistama	[e:lis'tama]
proberen (trachten)	proovima	[pro:ʋima]
redden (ww)	päästma	[pæ:s'tma]

rekenen op ...	lootma ...	[lo:tma ...]
rennen (ww)	jooksma	[jo:ksma]
reserveren	reserveerima	[reserʋe:rima]
(een hotelkamer ~)		
roepen (om hulp)	kutsuma	[kutsuma]
schieten (ww)	tulistama	[tulis'tama]
schreeuwen (ww)	karjuma	[karjuma]

schrijven (ww)	kirjutama	[kirjutama]
souperen (ww)	õhtust sööma	[ɜhtus't sø:ma]
spelen (kinderen)	mängima	[mæŋgima]
spreken (ww)	rääkima	[ræ:kima]
stelen (ww)	varastama	[ʋaras'tama]
stoppen (pauzeren)	peatuma	[peatuma]

studeren (Nederlands ~)	uurima	[u:rima]
sturen (zenden)	saatma	[sa:tma]
tellen (optellen)	lugema	[lugema]
toebehoren ...	kuuluma	[ku:luma]
toestaan (ww)	lubama	[lubama]
tonen (ww)	näitama	[næjtama]

twijfelen (onzeker zijn)	kahtlema	[kahtlema]
uitgaan (ww)	välja tulema	[ʋælja tulema]
uitnodigen (ww)	kutsuma	[kutsuma]
uitspreken (ww)	hääldama	[hæ:l'dama]
uitvaren tegen (ww)	sõimama	[sɜimama]

11. De belangrijkste werkwoorden. Deel 4

vallen (ww)	kukkuma	[kukkuma]
vangen (ww)	püüdma	[pʉ:dma]
veranderen (anders maken)	muutma	[mu:tma]
verbaasd zijn (ww)	imestama	[imes'tama]
verbergen (ww)	peitma	[pejtma]

verdedigen (je land ~)	kaitsma	[kaitsma]
verenigen (ww)	ühendama	[ʉhendama]
vergelijken (ww)	võrdlema	[ʋɜrtlema]
vergeten (ww)	unustama	[unus'tama]
vergeven (ww)	andeks andma	[andeks andma]

verklaren (uitleggen)	seletama	[seletama]
verkopen (per stuk ~)	müüma	[mʉ:ma]
vermelden (praten over)	meelde tuletama	[me:l'de tuletama]
versieren (decoreren)	ehtima	[ehtima]
vertalen (ww)	tõlkima	[tɜl'kima]
vertrouwen (ww)	usaldama	[usal'dama]
vervolgen (ww)	jätkama	[jætkama]

19

verwarren (met elkaar ~)	segi ajama	[segi ajama]
verzoeken (ww)	paluma	[paluma]
verzuimen (school, enz.)	puuduma	[pu:duma]

vinden (ww)	leidma	[lejdma]
vliegen (ww)	lendama	[lendama]
volgen (ww)	järgnema ...	[jærgnema ...]
voorstellen (ww)	pakkuma	[pakkuma]
voorzien (verwachten)	ette nägema	[ette nægema]
vragen (ww)	küsima	[kʉsima]

waarnemen (ww)	jälgima	[jælʲgima]
waarschuwen (ww)	hoiatama	[hojatama]
wachten (ww)	ootama	[o:tama]
weerspreken (ww)	vastu vaidlema	[ʋasʲtu ʋaitlema]
weigeren (ww)	keelduma	[ke:lʲduma]

werken (ww)	töötama	[tø:tama]
weten (ww)	teadma	[teadma]
willen (verlangen)	tahtma	[tahtma]
zeggen (ww)	ütlema	[ʉtlema]
zich haasten (ww)	kiirustama	[ki:rusʲtama]

zich interesseren voor ...	huvi tundma	[huʋi tundma]
zich vergissen (ww)	eksima	[eksima]
zich verontschuldigen	vabandama	[ʋabandama]
zien (ww)	nägema	[nægema]

zoeken (ww)	otsima ...	[otsima ...]
zwemmen (ww)	ujuma	[ujuma]
zwijgen (ww)	vaikima	[ʋaikima]

12. Kleuren

kleur (de)	värv	[ʋæerʋ]
tint (de)	varjund	[ʋarjunt]
kleurnuance (de)	toon	[to:n]
regenboog (de)	vikerkaar	[ʋikerka:r]

wit (bn)	valge	[ʋalʲge]
zwart (bn)	must	[musʲt]
grijs (bn)	hall	[halʲ]

groen (bn)	roheline	[roheline]
geel (bn)	kollane	[kolʲæne]
rood (bn)	punane	[punane]

blauw (bn)	sinine	[sinine]
lichtblauw (bn)	helesinine	[helesinine]
roze (bn)	roosa	[ro:sa]
oranje (bn)	oranž	[oranʒ]
violet (bn)	violetne	[ʋioletne]
bruin (bn)	pruun	[pru:n]
goud (bn)	kuldne	[kulʲdne]

zilverkleurig (bn)	hõbedane	[hɔbedane]
beige (bn)	beež	[be:ʒ]
roomkleurig (bn)	kreemjas	[kre:mjas]
turkoois (bn)	türkiissinine	[tɤrki:ssinine]
kersrood (bn)	kirsipunane	[kirsipunane]
lila (bn)	lilla	[lilʲæ]
karmijnrood (bn)	vaarikpunane	[ʋa:rikpunane]

licht (bn)	hele	[hele]
donker (bn)	tume	[tume]
fel (bn)	erk	[erk]

kleur-, kleurig (bn)	värvipliiats	[ʋærʋipli:ats]
kleuren- (abn)	värvi-	[ʋærʋi-]
zwart-wit (bn)	must-valge	[mus'tʲ-ʋalʲge]
eenkleurig (bn)	ühevärviline	[ɤheʋærʋiline]
veelkleurig (bn)	mitmevärviline	[mitmeʋærʋiline]

13. Vragen

Wie?	Kes?	[kes?]
Wat?	Mis?	[mis?]
Waar?	Kus?	[kus?]
Waarheen?	Kuhu?	[kuhu?]
Waar ... vandaan?	Kust?	[kusʲt?]
Wanneer?	Millal?	[milʲæl?]
Waarom?	Milleks?	[milʲeks?]
Waarom?	Miks?	[miks?]

Waarvoor dan ook?	Mille jaoks?	[milʲe jaoks?]
Hoe?	Kuidas?	[kuidas?]
Wat voor ...?	Missugune?	[missugune?]
Welk?	Mis?	[mis?]

Aan wie?	Kellele?	[kelʲele?]
Over wie?	Kellest?	[kelʲesʲt?]
Waarover?	Millest?	[milʲesʲt?]
Met wie?	Kellega?	[kelʲega?]

Hoeveel? (ontelb.)	Kui palju?	[kui palju?]
Van wie?	Kelle?	[kelʲe?]

14. Functiewoorden. Bijwoorden. Deel 1

Waar?	Kus?	[kus?]
hier (bw)	siin	[si:n]
daar (bw)	seal	[sealʲ]

ergens (bw)	kuskil	[kuskilʲ]
nergens (bw)	mitte kuskil	[mitte kuskilʲ]
bij ... (in de buurt)	juures	[ju:res]
bij het raam	akna juures	[akna ju:res]

Waarheen?	Kuhu?	[kuhu?]
hierheen (bw)	siia	[si:a]
daarheen (bw)	sinna	[sinna]
hiervandaan (bw)	siit	[si:t]
daarvandaan (bw)	sealt	[sealʲt]

| dichtbij (bw) | lähedal | [lʲæhedalʲ] |
| ver (bw) | kaugel | [kaugelʲ] |

in de buurt (van ...)	kõrval	[kɜrʊalʲ]
vlakbij (bw)	lähedal	[lʲæhedalʲ]
niet ver (bw)	lähedale	[lʲæhedale]

linker (bn)	vasak	[ʊasak]
links (bw)	vasakul	[ʊasakulʲ]
linksaf, naar links (bw)	vasakule	[ʊasakule]

rechter (bn)	parem	[parem]
rechts (bw)	paremal	[paremalʲ]
rechtsaf, naar rechts (bw)	paremale	[paremale]

vooraan (bw)	eest	[e:sʲt]
voorste (bn)	eesmine	[e:smine]
vooruit (bw)	edasi	[edasi]

achter (bw)	taga	[taga]
van achteren (bw)	tagant	[tagant]
achteruit (naar achteren)	tagasi	[tagasi]

| midden (het) | keskkoht | [keskkoht] |
| in het midden (bw) | keskel | [keskelʲ] |

opzij (bw)	kõrvalt	[kɜrʊalʲt]
overal (bw)	igal pool	[igalʲ po:lʲ]
omheen (bw)	ümberringi	[ʉmberringi]

binnenuit (bw)	seest	[se:sʲt]
naar ergens (bw)	kuhugi	[kuhugi]
rechtdoor (bw)	otse	[otse]
terug (bijv. ~ komen)	tagasi	[tagasi]

| ergens vandaan (bw) | kuskilt | [kuskilʲt] |
| ergens vandaan (en dit geld moet ~ komen) | kuskilt | [kuskilʲt] |

ten eerste (bw)	esiteks	[esiteks]
ten tweede (bw)	teiseks	[tejseks]
ten derde (bw)	kolmandaks	[kolʲmandaks]

plotseling (bw)	äkki	[ækki]
in het begin (bw)	alguses	[alʲguses]
voor de eerste keer (bw)	esimest korda	[esimesʲt korda]
lang voor ... (bw)	enne ...	[enne ...]
opnieuw (bw)	uuesti	[u:esʲti]
voor eeuwig (bw)	päriseks	[pæriseks]
nooit (bw)	mitte kunagi	[mitte kunagi]

weer (bw)	jälle	[jælʲe]
nu (bw)	nüüd	[nʉ:t]
vaak (bw)	sageli	[sageli]
toen (bw)	siis	[si:s]
urgent (bw)	kiiresti	[ki:resʲti]
meestal (bw)	tavaliselt	[taʋaliselʲt]

trouwens, ... (tussen haakjes)	muuseas, ...	[mu:seas, ...]
mogelijk (bw)	võimalik	[uɜimalik]
waarschijnlijk (bw)	tõenäoliselt	[tɜenæoliselʲt]
misschien (bw)	võib olla	[uɜib olʲæ]
trouwens (bw)	peale selle ...	[peale selʲe ...]
daarom ...	sellepärast	[selʲepærasʲt]
in weerwil van ...	... vaatamata	[... ʋa:tamata]
dankzij ...	tänu ...	[tænu ...]

wat (vn)	mis	[mis]
dat (vw)	et	[et]
iets (vn)	miski	[miski]
iets	miski	[miski]
niets (vn)	mitte midagi	[mitte midagi]

wie (~ is daar?)	kes	[kes]
iemand (een onbekende)	keegi	[ke:gi]
iemand (een bepaald persoon)	keegi	[ke:gi]

niemand (vn)	mitte keegi	[mitte ke:gi]
nergens (bw)	mitte kuhugi	[mitte kuhugi]
niemands (bn)	ei kellegi oma	[ej kelʲegi oma]
iemands (bn)	kellegi oma	[kelʲegi oma]

zo (Ik ben ~ blij)	nii	[ni:]
ook (evenals)	samuti	[samuti]
alsook (eveneens)	ka	[ka]

15 Functiewoorden. Bijwoorden. Deel 2

Waarom?	Miks?	[miks?]
om een bepaalde reden	millegi pärast	[milʲegi pærasʲt]
omdat ...	sest ...	[sesʲt ...]
voor een bepaald doel	millekski	[milʲekski]

en (vw)	ja	[ja]
of (vw)	või	[uɜi]
maar (vw)	kuid	[kuit]
voor (vz)	jaoks	[jaoks]

te (~ veel mensen)	liiga	[li:ga]
alleen (bw)	ainult	[ainulʲt]
precies (bw)	täpselt	[tæpselʲt]
ongeveer (~ 10 kg)	umbes	[umbes]
omstreeks (bw)	ligikaudu	[ligikaudu]

bij benadering (bn)	ligikaudne	[ligikaudne]
bijna (bw)	peaaegu	[pea:egu]
rest (de)	ülejäänud	[ʉlejæ:nut]

de andere (tweede)	teine	[tejne]
ander (bn)	teiste	[tejsʲte]
elk (bn)	iga	[iga]
om het even welk	mis tahes	[mis tahes]
veel (grote hoeveelheid)	palju	[palju]
veel mensen	paljud	[paljut]
iedereen (alle personen)	kõik	[kɜik]

in ruil voor ...	... vastu	[... ʋasʲtu]
in ruil (bw)	asemele	[asemele]
met de hand (bw)	käsitsi	[kæsitsi]
onwaarschijnlijk (bw)	vaevalt	[ʋaeʋalʲt]

waarschijnlijk (bw)	vist	[ʋisʲt]
met opzet (bw)	meelega	[me:lega]
toevallig (bw)	juhuslikult	[juhuslikulʲt]

zeer (bw)	väga	[ʋæga]
bijvoorbeeld (bw)	näiteks	[næjteks]
tussen (~ twee steden)	vahel	[ʋahelʲ]
tussen (te midden van)	keskel	[keskelʲ]
zoveel (bw)	niipalju	[ni:palju]
vooral (bw)	eriti	[eriti]

Basisbegrippen Deel 2

16. Dagen van de week

maandag (de)	esmaspäev	[esmaspæəʊ]
dinsdag (de)	teisipäev	[tejsipæəʊ]
woensdag (de)	kolmapäev	[kolˈmapæəʊ]
donderdag (de)	neljapäev	[neljapæəʊ]
vrijdag (de)	reede	[re:de]
zaterdag (de)	laupäev	[laupæəʊ]
zondag (de)	pühapäev	[pʉhapæəʊ]

vandaag (bw)	täna	[tæna]
morgen (bw)	homme	[homme]
overmorgen (bw)	ülehomme	[ʉlehomme]
gisteren (bw)	eile	[ejle]
eergisteren (bw)	üleeile	[ʉle:jle]

dag (de)	päev	[pæəʊ]
werkdag (de)	tööpäev	[tø:pæəʊ]
feestdag (de)	pidupäev	[pidupæəʊ]
verlofdag (de)	puhkepäev	[puhkepæəʊ]
weekend (het)	nädalavahetus	[nædalaʊahetus]

de hele dag (bw)	terve päev	[terʊe pæəʊ]
de volgende dag (bw)	järgmiseks päevaks	[jærgmiseks pæəʊaks]
twee dagen geleden	kaks päeva tagasi	[kaks pæəʊa tagasi]
aan de vooravond (bw)	eile õhtul	[ejle ɜhtulʲ]
dag-, dagelijks (bn)	igapäevane	[igapæəʊane]
elke dag (bw)	iga päev	[iga pæəʊ]

week (de)	nädal	[nædalʲ]
vorige week (bw)	möödunud nädalal	[mø:dunut nædalalʲ]
volgende week (bw)	järgmisel nädalal	[jærgmiselʲ nædalalʲ]
wekelijks (bn)	iganädalane	[iganædalane]
elke week (bw)	igal nädalal	[igalʲ nædalalʲ]
twee keer per week	kaks korda nädalas	[kaks korda nædalas]
elke dinsdag	igal teisipäeval	[igalʲ tejsipæəʊalʲ]

17. Uren. Dag en nacht

morgen (de)	hommik	[hommik]
's morgens (bw)	hommikul	[hommikulʲ]
middag (de)	keskpäev	[keskpæəʊ]
's middags (bw)	pärast lõunat	[pærasˈt lɜunat]

avond (de)	õhtu	[ɜhtu]
's avonds (bw)	õhtul	[ɜhtulʲ]

nacht (de)	öö	[ø:]
's nachts (bw)	öösel	[ø:selʲ]
middernacht (de)	kesköö	[keskø:]

seconde (de)	sekund	[sekunt]
minuut (de)	minut	[minut]
uur (het)	tund	[tunt]
halfuur (het)	pool tundi	[po:lʲ tundi]
kwartier (het)	veerand tundi	[ʋe:rant tundi]
vijftien minuten	viisteist minutit	[ʋi:sʲtejsʲt minutit]
etmaal (het)	ööpäev	[ø:pæəʋ]

zonsopgang (de)	päikesetõus	[pæjkeset3us]
dageraad (de)	koit	[kojt]
vroege morgen (de)	varahommik	[ʋarahommik]
zonsondergang (de)	loojang	[lo:jang]

's morgens vroeg (bw)	hommikul vara	[hommikulʲ ʋara]
vanmorgen (bw)	täna hommikul	[tæna hommikulʲ]
morgenochtend (bw)	homme hommikul	[homme hommikulʲ]
vanmiddag (bw)	täna päeval	[tæna pæəʋalʲ]
's middags (bw)	pärast lõunat	[pærasʲt l3unat]
morgenmiddag (bw)	homme pärast lõunat	[homme pærasʲt l3unat]
vanavond (bw)	täna õhtul	[tæna 3htulʲ]
morgenavond (bw)	homme õhtul	[homme 3htulʲ]

klokslag drie uur	täpselt kell kolm	[tæpselʲt kelʲ kolʲm]
ongeveer vier uur	umbes kell neli	[umbes kelʲ neli]
tegen twaalf uur	kella kaheteistkümneks	[kelʲæ kahetejsʲtkʉmneks]

over twintig minuten	kahekümne minuti pärast	[kahekʉmne minuti pærasʲt]
over een uur	tunni aja pärast	[tunni aja pærasʲt]
op tijd (bw)	õigeks ajaks	[3igeks ajaks]

kwart voor ...	kolmveerand	[kolʲmʋʋe:rant]
binnen een uur	tunni aja jooksul	[tunni aja jo:ksulʲ]
elk kwartier	iga viieteist minuti tagant	[iga ʋi:etejsʲt minuti tagant]
de klok rond	terve ööpäev	[terʋe ø:pæəʋ]

18. Maanden. Seizoenen

januari (de)	jaanuar	[ja:nuar]
februari (de)	veebruar	[ʋe:bruar]
maart (de)	märts	[mærts]
april (de)	aprill	[aprilʲ]
mei (de)	mai	[mai]
juni (de)	juuni	[ju:ni]

juli (de)	juuli	[ju:li]
augustus (de)	august	[augusʲt]
september (de)	september	[september]
oktober (de)	oktoober	[okto:ber]
november (de)	november	[noʋember]
december (de)	detsember	[detsember]

lente (de)	kevad	[keʋat]
in de lente (bw)	kevadel	[keʋadelʲ]
lente- (abn)	kevadine	[keʋadine]
zomer (de)	suvi	[suʋi]
in de zomer (bw)	suvel	[suʋelʲ]
zomer-, zomers (bn)	suvine	[suʋine]
herfst (de)	sügis	[sʉgis]
in de herfst (bw)	sügisel	[sʉgiselʲ]
herfst- (abn)	sügisene	[sʉgisene]
winter (de)	talv	[talʲʊ]
in de winter (bw)	talvel	[talʲʋelʲ]
winter- (abn)	talvine	[talʲʋine]
maand (de)	kuu	[ku:]
deze maand (bw)	selles kuus	[selʲes ku:s]
volgende maand (bw)	järgmises kuus	[jærgmises ku:s]
vorige maand (bw)	möödunud kuus	[mø:dunut ku:s]
een maand geleden (bw)	kuu aega tagasi	[ku: aega tagasi]
over een maand (bw)	kuu aja pärast	[ku: aja pærasʲt]
over twee maanden (bw)	kahe kuu pärast	[kahe ku: pærasʲt]
de hele maand (bw)	terve kuu	[terʋe ku:]
een volle maand (bw)	terve kuu	[terʋe ku:]
maand-, maandelijks (bn)	igakuine	[igakuine]
maandelijks (bw)	igas kuus	[igas ku:s]
elke maand (bw)	iga kuu	[iga ku:]
twee keer per maand	kaks korda kuus	[kaks korda ku:s]
jaar (het)	aasta	[a:sʲta]
dit jaar (bw)	sel aastal	[selʲ a:sʲtalʲ]
volgend jaar (bw)	järgmisel aastal	[jærgmiselʲ a:sʲtalʲ]
vorig jaar (bw)	möödunud aastal	[mø:dunut a:sʲtalʲ]
een jaar geleden (bw)	aasta tagasi	[a:sʲta tagasi]
over een jaar	aasta pärast	[a:sʲta pærasʲt]
over twee jaar	kahe aasta pärast	[kahe a:sʲta pærasʲt]
het hele jaar	kogu aasta	[kogu a:sʲta]
een vol jaar	terve aasta	[terʋe a:sʲta]
elk jaar	igal aastal	[igalʲ a:sʲtalʲ]
jaar-, jaarlijks (bn)	iga-aastane	[iga-a:sʲtane]
jaarlijks (bw)	igal aastal	[igalʲ a:sʲtalʲ]
4 keer per jaar	neli korda aastas	[neli korda a:sʲtas]
datum (de)	kuupäev	[ku:pæeʋ]
datum (de)	kuupäev	[ku:pæeʋ]
kalender (de)	kalender	[kalender]
een half jaar	pool aastat	[po:lʲ a:sʲtat]
zes maanden	poolaasta	[po:la:sʲta]
seizoen (bijv. lente, zomer)	hooaeg	[ho:aeg]
eeuw (de)	sajand	[sajant]

19. Tijd. Diversen

tijd (de)	aeg	[aeg]
ogenblik (het)	hetk	[hetk]
moment (het)	silmapilk	[sil'mapil'k]
ogenblikkelijk (bn)	silmapilkselt	[sil'mapil'ksel't]
tijdsbestek (het)	ajavahemik	[ajaʋahemik]
leven (het)	elu	[elu]
eeuwigheid (de)	igavik	[igaʋik]
epoche (de), tijdperk (het)	ajastu	[ajas'tu]
era (de), tijdperk (het)	ajajärk	[ajajærk]
cyclus (de)	tsükkel	[tsʉkkel']
periode (de)	periood	[perio:t]
termijn (vastgestelde periode)	tähtaeg	[tæhtaeg]
toekomst (de)	tulevik	[tuleʋik]
toekomstig (bn)	tulevane	[tuleʋane]
de volgende keer	järgmine kord	[jærgmine kort]
verleden (het)	minevik	[mineʋik]
vorig (bn)	möödunud	[mø:dunut]
de vorige keer	eelmine kord	[e:l'mine kort]
later (bw)	hiljem	[hiljem]
na (~ het diner)	pärast	[pæras't]
tegenwoordig (bw)	praegu	[praegu]
nu (bw)	nüüd	[nʉ:t]
onmiddellijk (bw)	kohe	[kohe]
snel (bw)	varsti	[ʋars'ti]
bij voorbaat (bw)	varakult	[ʋarakul't]
lang geleden (bw)	ammu	[ammu]
kort geleden (bw)	hiljuti	[hiljuti]
noodlot (het)	saatus	[sa:tus]
herinneringen (mv.)	mälestused	[mæles'tuset]
archief (het)	arhiiv	[arhi:ʋ]
tijdens … (ten tijde van)	… ajal	[… ajal']
lang (bw)	kaua	[kaua]
niet lang (bw)	lühikest aega	[lʉhikes't aega]
vroeg (bijv. ~ in de ochtend)	vara	[ʋara]
laat (bw)	hilja	[hilja]
voor altijd (bw)	alatiseks	[alatiseks]
beginnen (ww)	alustama	[alus'tama]
uitstellen (ww)	edasi lükkama	[edasi lʉkkama]
tegelijkertijd (bw)	üheaegselt	[ʉheaegsel't]
voortdurend (bw)	pidevalt	[pideʋal't]
constant (bijv. ~ lawaai)	pidev	[pideʋ]
tijdelijk (bn)	ajutine	[ajutine]
soms (bw)	mõnikord	[mɔnikort]
zelden (bw)	harva	[harʋa]
vaak (bw)	sageli	[sageli]

20. Tegenovergestelden

rijk (bn)	rikas	[rikas]
arm (bn)	vaene	[ʋaene]
ziek (bn)	haige	[haige]
gezond (bn)	terve	[terʋe]
groot (bn)	suur	[suːr]
klein (bn)	väike	[ʋæjke]
snel (bw)	kiiresti	[kiːresʲti]
langzaam (bw)	aeglaselt	[aeglaselʲt]
snel (bn)	kiire	[kiːre]
langzaam (bn)	aeglane	[aeglane]
vrolijk (bn)	lõbus	[lɜbus]
treurig (bn)	kurb	[kurb]
samen (bw)	koos	[koːs]
apart (bw)	eraldi	[eralʲdi]
hardop (~ lezen)	valjusti	[ʋaljusʲti]
stil (~ lezen)	omaette	[omaette]
hoog (bn)	kõrge	[kɜrge]
laag (bn)	madal	[madalʲ]
diep (bn)	sügav	[sɯgaʋ]
ondiep (bn)	madal	[madalʲ]
ja	jaa	[jaː]
nee	ei	[ej]
ver (bn)	kauge	[kauge]
dicht (bn)	lähedane	[lʲæhedane]
ver (bw)	kaugel	[kaugelʲ]
dichtbij (bw)	lähedal	[lʲæhedalʲ]
lang (bn)	pikk	[pɪkk]
kort (bn)	lühike	[lɯhike]
vriendelijk (goedhartig)	hea	[hea]
kwaad (bn)	kuri	[kuri]
gehuwd (mann.)	abielus	[abielus]
ongehuwd (mann.)	vallaline	[ʋalʲæline]
verbieden (ww)	keelama	[keːlama]
toestaan (ww)	lubama	[lubama]
einde (het)	lõpp	[lɜpp]
begin (het)	algus	[alʲgus]

| linker (bn) | vasak | [ʋasak] |
| rechter (bn) | parem | [parem] |

| eerste (bn) | esimene | [esimene] |
| laatste (bn) | viimane | [ʋi:mane] |

| misdaad (de) | kuritegu | [kuritegu] |
| bestraffing (de) | karistus | [karisʲtus] |

| bevelen (ww) | käskima | [kæskima] |
| gehoorzamen (ww) | alluma | [alʲuma] |

| recht (bn) | sirge | [sirge] |
| krom (bn) | kõver | [kɜʋer] |

| paradijs (het) | paradiis | [paradi:s] |
| hel (de) | põrgu | [pɜrgu] |

| geboren worden (ww) | sündima | [sʉndima] |
| sterven (ww) | surema | [surema] |

| sterk (bn) | tugev | [tugeʋ] |
| zwak (bn) | nõrk | [nɜrk] |

| oud (bn) | vana | [ʋana] |
| jong (bn) | noor | [no:r] |

| oud (bn) | vana | [ʋana] |
| nieuw (bn) | uus | [u:s] |

| hard (bn) | kõva | [kɜʋa] |
| zacht (bn) | pehme | [pehme] |

| warm (bn) | soe | [soe] |
| koud (bn) | külm | [kʉlʲm] |

| dik (bn) | paks | [paks] |
| dun (bn) | kõhn | [kɜhn] |

| smal (bn) | kitsas | [kitsas] |
| breed (bn) | lai | [lai] |

| goed (bn) | hea | [hea] |
| slecht (bn) | halb | [halʲb] |

| moedig (bn) | vapper | [ʋapper] |
| laf (bn) | arg | [arg] |

21. Lijnen en vormen

vierkant (het)	ruut	[ru:t]
vierkant (bn)	kandiline	[kandiline]
cirkel (de)	ring	[ring]
rond (bn)	ümmargune	[ʉmmargune]

| driehoek (de) | kolmnurk | [kol'mnurk] |
| driehoekig (bn) | kolmnurkne | [kol'mnurkne] |

ovaal (het)	ovaal	[oʋa:lʲ]
ovaal (bn)	ovaalne	[oʋa:lʲne]
rechthoek (de)	ristkülik	[ris'tkʉlik]
rechthoekig (bn)	ristkülikuline	[ris'tkʉlikuline]

piramide (de)	püramiid	[pʉrami:t]
ruit (de)	romb	[romb]
trapezium (het)	trapets	[trapets]
kubus (de)	kuup	[ku:p]
prisma (het)	prisma	[prisma]

omtrek (de)	ringjoon	[ringjo:n]
bol, sfeer (de)	sfäär	[sfæ:r]
bal (de)	kera	[kera]

diameter (de)	diameeter	[diame:ter]
straal (de)	raadius	[ra:dius]
omtrek (~ van een cirkel)	ümbermõõt	[ʉbermɜ:t]
middelpunt (het)	keskpunkt	[keskpunkt]

horizontaal (bn)	horisontaalne	[horisonta:lʲne]
verticaal (bn)	vertikaalne	[ʋertika:lʲne]
parallel (de)	paralleel	[paralʲe:lʲ]
parallel (bn)	paralleelne	[paralʲe:lʲne]

lijn (de)	joon	[jo:n]
streep (de)	joon	[jo:n]
rechte lijn (de)	sirgjoon	[sirgjo:n]
kromme (de)	kõver	[kɜʋer]
dun (bn)	peenike	[pe:nike]
omlijning (de)	kontuur	[kontu:r]

snijpunt (het)	läbilõige	[lʲæbilɜige]
rechte hoek (de)	täisnurk	[tæjsnurk]
segment (het)	segment	[segment]
sector (de)	sektor	[sektor]
zijde (de)	külg	[kʉlʲg]
hoek (de)	nurk	[nurk]

22. Meeteenheden

gewicht (het)	kaal	[ka:lʲ]
lengte (de)	pikkus	[pikkus]
breedte (de)	laius	[laius]
hoogte (de)	kõrgus	[kɜrgus]
diepte (de)	sügavus	[sʉgaʋus]
volume (het)	maht	[maht]
oppervlakte (de)	pindala	[pindala]

| gram (het) | gramm | [gramm] |
| milligram (het) | milligramm | [milʲigramm] |

31

kilogram (het)	kilogramm	[kilogramm]
ton (duizend kilo)	tonn	[tonn]
pond (het)	nael	[naelʲ]
ons (het)	unts	[unts]

meter (de)	meeter	[me:ter]
millimeter (de)	millimeeter	[milʲime:ter]
centimeter (de)	sentimeeter	[sentime:ter]
kilometer (de)	kilomeeter	[kilome:ter]
mijl (de)	miil	[mi:lʲ]

duim (de)	toll	[tolʲ]
voet (de)	jalg	[jalʲg]
yard (de)	jard	[jart]

vierkante meter (de)	ruutmeeter	[ru:tme:ter]
hectare (de)	hektar	[hektar]

liter (de)	liiter	[li:ter]
graad (de)	kraad	[kra:t]
volt (de)	volt	[ʋolʲt]
ampère (de)	amper	[amper]
paardenkracht (de)	hobujõud	[hobujʒut]

hoeveelheid (de)	hulk	[hulʲk]
een beetje ...	veidi ...	[ʋejdi ...]
helft (de)	pool	[po:lʲ]
dozijn (het)	tosin	[tosin]
stuk (het)	tükk	[tʉkk]

afmeting (de)	suurus	[su:rus]
schaal (bijv. ~ van 1 op 50)	mastaap	[masʲta:p]

minimaal (bn)	minimaalne	[minima:lʲne]
minste (bn)	kõige väiksem	[kʒige ʋæjksem]
medium (bn)	keskmine	[keskmine]
maximaal (bn)	maksimaalne	[maksima:lʲne]
grootste (bn)	kõige suurem	[kʒige su:rem]

23. Containers

glazen pot (de)	klaaspurk	[kla:spurk]
blik (conserven~)	plekkpurk	[plekkpurk]
emmer (de)	ämber	[æmber]
ton (bijv. regenton)	tünn	[tʉnn]

ronde waterbak (de)	pesukauss	[pesukauss]
tank (bijv. watertank-70-ltr)	paak	[pa:k]
heupfles (de)	plasku	[plasku]
jerrycan (de)	kanister	[kanisʲter]
tank (bijv. ketelwagen)	tsistern	[tsisʲtern]

beker (de)	kruus	[kru:s]
kopje (het)	tass	[tass]

schoteltje (het)	alustass	[alusʲtass]
glas (het)	klaas	[kla:s]
wijnglas (het)	veiniklaas	[ʋejnikla:s]
steelpan (de)	pott	[pott]

fles (de)	pudel	[pudelʲ]
flessenhals (de)	pudelikael	[pudelikaelʲ]

karaf (de)	karahvin	[karahʋin]
kruik (de)	kann	[kann]
vat (het)	nõu	[nɜu]
pot (de)	pott	[pott]
vaas (de)	vaas	[ʋa:s]

flacon (de)	pudel	[pudelʲ]
flesje (het)	rohupudel	[rohupudelʲ]
tube (bijv. ~ tandpasta)	tuub	[tu:b]

zak (bijv. ~ aardappelen)	kott	[kott]
tasje (het)	kilekott	[kilekott]
pakje (~ sigaretten, enz.)	pakk	[pakk]

doos (de)	karp	[karp]
kist (de)	kast	[kasʲt]
mand (de)	korv	[korʋ]

24. Materialen

materiaal (het)	materjal	[materjalʲ]
hout (het)	puu	[pu:]
houten (bn)	puust	[pu:sʲt]

glas (het)	klaas	[kla:s]
glazen (bn)	klaas-	[kla:s-]

steen (de)	kivi	[kiʋi]
stenen (bn)	kivist	[kiʋisʲt]

plastic (het)	plastik	[plasʲtik]
plastic (bn)	plastik-	[plasʲtik-]

rubber (hot)	kumm	[kumm]
rubber-, rubberen (bn)	kummi-	[kummi-]

stof (de)	kangas	[kangas]
van stof (bn)	riidest	[ri:desʲt]

papier (het)	paber	[paber]
papieren (bn)	paber-	[paber-]

karton (het)	papp	[papp]
kartonnen (bn)	papp-	[papp-]
polyethyleen (het)	polüetüleen	[polʲuetʉle:n]
cellofaan (het)	tsellofaan	[tselʲofa:n]

multiplex (het)	vineer	[ʋine:r]
porselein (het)	portselan	[portselan]
porseleinen (bn)	portselan-	[portselan-]
klei (de)	savi	[saʋi]
klei-, van klei (bn)	savi-	[saʋi-]
keramiek (de)	keraamika	[kera:mika]
keramieken (bn)	keraamiline	[kera:miline]

25. Metalen

metaal (het)	metall	[metalʲ]
metalen (bn)	metall-	[metalʲ-]
legering (de)	sulam	[sulam]

goud (het)	kuld	[kulʲt]
gouden (bn)	kuldne	[kulʲdne]
zilver (het)	hõbe	[hɜbe]
zilveren (bn)	hõbedane	[hɜbedane]

IJzer (het)	raud	[raut]
IJzeren (bn)	raudne	[raudne]
staal (het)	teras	[teras]
stalen (bn)	teras-	[teras-]
koper (het)	vask	[ʋask]
koperen (bn)	vaskne	[ʋaskne]

aluminium (het)	alumiinium	[alumi:nium]
aluminium (bn)	alumiinium-	[alumi:nium-]
brons (het)	pronks	[pronks]
bronzen (bn)	pronks-	[pronks-]

messing (het)	valgevask	[ʋalʲgeʋask]
nikkel (het)	nikkel	[nikkelʲ]
platina (het)	plaatina	[pla:tina]
kwik (het)	elavhõbe	[elaʋhɜbe]
tin (het)	tina	[tina]
lood (het)	seatina	[seatina]
zink (het)	tsink	[tsink]

MENS

Mens. Het lichaam

26. Mensen. Basisbegrippen

mens (de)	inimene	[inimene]
man (de)	mees	[me:s]
vrouw (de)	naine	[naine]
kind (het)	laps	[laps]
meisje (het)	tüdruk	[tʉdruk]
jongen (de)	poiss	[pojss]
tiener, adolescent (de)	nooruk	[no:ruk]
oude man (de)	vanamees	[ʋaname:s]
oude vrouw (de)	vanaeit	[ʋanaejt]

27. Menselijke anatomie

organisme (het)	organism	[organism]
hart (het)	süda	[sʉda]
bloed (het)	veri	[ʋeri]
slagader (de)	arter	[arter]
ader (de)	veen	[ʋe:n]
hersenen (mv.)	aju	[aju]
zenuw (de)	närv	[næerʋ]
zenuwen (mv.)	närvid	[næerʋit]
wervel (de)	selgroolüli	[selʲgro:lʉli]
ruggengraat (de)	selgroog	[selʲgro:g]
maag (de)	magu	[magu]
darmen (mv.)	soolestik	[so:lesʲtik]
darm (de)	soolikas	[so:likas]
lever (de)	maks	[maks]
nier (de)	neer	[ne:r]
been (deel van het skelet)	luu	[lu:]
skelet (het)	luukere	[lu:kere]
rib (de)	roie	[roje]
schedel (de)	pealuu	[pealu:]
spier (de)	lihas	[lihas]
biceps (de)	biitseps	[bi:tseps]
triceps (de)	kolmpealihas	[kolʲmpealihas]
pees (de)	kõõlus	[kɜ:lus]
gewricht (het)	liiges	[li:ges]

35

longen (mv.)	kops	[kops]
geslachtsorganen (mv.)	suguelundid	[suguelundit]
huid (de)	nahk	[nahk]

28. Hoofd

hoofd (het)	pea	[pea]
gezicht (het)	nägu	[nægu]
neus (de)	nina	[nina]
mond (de)	suu	[su:]

oog (het)	silm	[silʲm]
ogen (mv.)	silmad	[silʲmat]
pupil (de)	silmatera	[silʲmatera]
wenkbrauw (de)	kulm	[kulʲm]
wimper (de)	ripse	[ripse]
ooglid (het)	silmalaug	[silʲmalaug]

tong (de)	keel	[ke:lʲ]
tand (de)	hammas	[hammas]
lippen (mv.)	huuled	[hu:let]
jukbeenderen (mv.)	põsesarnad	[pɜsesarnat]
tandvlees (het)	ige	[ige]
gehemelte (het)	suulagi	[su:lagi]

neusgaten (mv.)	sõõrmed	[sɜ:rmet]
kin (de)	lõug	[lɜug]
kaak (de)	lõualuu	[lɜualu:]
wang (de)	põsk	[pɜsk]

voorhoofd (het)	laup	[laup]
slaap (de)	meelekoht	[me:lekoht]
oor (het)	kõrv	[kɜrʊ]
achterhoofd (het)	kukal	[kukalʲ]
hals (de)	kael	[kaelʲ]
keel (de)	kõri	[kɜri]

haren (mv.)	juuksed	[ju:kset]
kapsel (het)	soeng	[soeng]
haarsnit (de)	juukselõikus	[ju:kselɜikus]
pruik (de)	parukas	[parukas]

snor (de)	vuntsid	[ʊuntsit]
baard (de)	habe	[habe]
dragen (een baard, enz.)	kandma	[kandma]
vlecht (de)	pats	[pats]
bakkebaarden (mv.)	bakenbardid	[bakenbardit]

ros (roodachtig, rossig)	punapea	[punapea]
grijs (~ haar)	hall	[halʲ]
kaal (bn)	kiilas	[ki:las]
kale plek (de)	kiilaspea	[ki:laspea]
paardenstaart (de)	hobusesaba	[hobusesaba]
pony (de)	tukk	[tukk]

29. Menselijk lichaam

hand (de)	käelaba	[kæelaba]
arm (de)	käsi	[kæsi]
vinger (de)	sõrm	[sɜrm]
teen (de)	varvas	[ʋarʋas]
duim (de)	pöial	[pøialʲ]
pink (de)	väike sõrm	[ʋæjke sɜrm]
nagel (de)	küüs	[kʉːs]
vuist (de)	rusikas	[rusikas]
handpalm (de)	peopesa	[peopesa]
pols (de)	ranne	[ranne]
voorarm (de)	küünarvars	[kʉːnarʋars]
elleboog (de)	küünarnukk	[kʉːnarnukk]
schouder (de)	õlg	[ɜlʲg]
been (rechter ~)	säär	[sæːr]
voet (de)	jalalaba	[jalalaba]
knie (de)	põlv	[pɜlʲʋ]
kuit (de)	sääremari	[sæːremari]
heup (de)	puus	[puːs]
hiel (de)	kand	[kant]
lichaam (het)	keha	[keha]
buik (de)	kõht	[kɜht]
borst (de)	rind	[rint]
borst (de)	rind	[rint]
zijde (de)	külg	[kʉlʲg]
rug (de)	selg	[selʲg]
lage rug (de)	ristluud	[risʲtluːt]
taille (de)	talje	[talje]
navel (de)	naba	[naba]
billen (mv.)	tuharad	[tuharat]
achterwerk (het)	tagumik	[tagumik]
huidvlek (de)	sünnimärk	[sʉnnimærk]
moedervlek (de)	sünnimärk	[sʉnnimærk]
tatoeage (de)	tätoveering	[tætoʋeːring]
litteken (het)	arm	[armi]

Kleding en accessoires

30. Bovenkleding. Jassen

kleren (mv.), kleding (de)	riided	[ri:det]
bovenkleding (de)	üleriided	[ʉleri:det]
winterkleding (de)	talveriided	[talʲʋeri:det]
jas (de)	mantel	[mantelʲ]
bontjas (de)	kasukas	[kasukas]
bontjasje (het)	poolkasukas	[po:lʲkasukas]
donzen jas (de)	sulejope	[sulejope]
jasje (bijv. een leren ~)	jope	[jope]
regenjas (de)	vihmamantel	[ʋihmamantelʲ]
waterdicht (bn)	veekindel	[ʋe:kindelʲ]

31. Heren & dames kleding

overhemd (het)	särk	[særk]
broek (de)	püksid	[pʉksit]
jeans (de)	teksapüksid	[teksapʉksit]
colbert (de)	pintsak	[pintsak]
kostuum (het)	ülikond	[ʉlikont]
jurk (de)	kleit	[klejt]
rok (de)	seelik	[se:lik]
blouse (de)	pluus	[plu:s]
wollen vest (de)	villane jakk	[ʋilʲæne jakk]
blazer (kort jasje)	pluus	[plu:s]
T-shirt (het)	T-särk	[t-særk]
shorts (mv.)	põlvpüksid	[pɔlʲʋpʉksit]
trainingspak (het)	dress	[dress]
badjas (de)	hommikumantel	[hommikumantelʲ]
pyjama (de)	pidžaama	[pidʒa:ma]
sweater (de)	sviiter	[sʋi:ter]
pullover (de)	pullover	[pulʲoʋer]
gilet (het)	vest	[ʋesʲt]
rokkostuum (het)	frakk	[frakk]
smoking (de)	smoking	[smoking]
uniform (het)	vormiriietus	[ʋormiri:etus]
werkkleding (de)	tööriietus	[tø:ri:etus]
overall (de)	kombinesoon	[kombineso:n]
doktersjas (de)	kittel	[kittelʲ]

32. Kleding. Ondergoed

ondergoed (het)	pesu	[pesu]
herenslip (de)	trussikud	[trussikut]
slipjes (mv.)	trussikud	[trussikut]
onderhemd (het)	alussärk	[alussærk]
sokken (mv.)	sokid	[sokit]

nachthemd (het)	öösärk	[ø:særk]
beha (de)	rinnahoidja	[rinnahojdja]
kniekousen (mv.)	põlvikud	[pɜlʲʋikut]
panty (de)	sukkpüksid	[sukkpʉksit]
nylonkousen (mv.)	sukad	[sukat]
badpak (het)	trikoo	[triko:]

33. Hoofddeksels

hoed (de)	müts	[mʉts]
deukhoed (de)	kaabu	[ka:bu]
honkbalpet (de)	pesapallimüts	[pesapalʲimʉts]
kleppet (de)	soni	[soni]

baret (de)	barett	[barett]
kap (de)	kapuuts	[kapu:ts]
panamahoed (de)	panama	[panama]
gebreide muts (de)	kootud müts	[ko:tut mʉts]

hoofddoek (de)	rätik	[rætik]
dameshoed (de)	kübar	[kʉbar]

veiligheidshelm (de)	kiiver	[ki:ʋer]
veldmuts (de)	pilotka	[pilotka]
helm, valhelm (de)	lendurimüts	[lendurimʉts]

bolhoed (de)	kübar	[kʉbar]
hoge hoed (de)	silinder	[silinder]

34. Schoeisel

schoeisel (het)	jalatsid	[jalatsit]
schoenen (mv.)	poolsaapad	[po:lʲsa:pat]
vrouwenschoenen (mv.)	kingad	[kingat]
laarzen (mv.)	saapad	[sa:pat]
pantoffels (mv.)	sussid	[sussit]

sportschoenen (mv.)	tossud	[tossut]
sneakers (mv.)	ketsid	[ketsit]
sandalen (mv.)	sandaalid	[sanda:lit]

schoenlapper (de)	kingsepp	[kingsepp]
hiel (de)	konts	[konts]

paar (een ~ schoenen)	paar	[pa:r]
veter (de)	kingapael	[kingapaelʲ]
rijgen (schoenen ~)	kingapaelu siduma	[kingapaelu siduma]
schoenlepel (de)	kingalusikas	[kingalusikas]
schoensmeer (de/het)	kingakreem	[kingakre:m]

35. Textiel. Weefsel

katoen (de/het)	puuvill	[pu:ʋilʲ]
katoenen (bn)	puuvillane	[pu:ʋilʲæne]
vlas (het)	lina	[lina]
vlas-, van vlas (bn)	linane	[linane]

zijde (de)	siid	[si:t]
zijden (bn)	siidi-	[si:di-]
wol (de)	vill	[ʋilʲ]
wollen (bn)	villane	[ʋilʲæne]

fluweel (het)	samet	[samet]
suède (de)	seemisnahk	[se:misnahk]
ribfluweel (het)	velvet	[ʋelʲʋet]

nylon (de/het)	nailon	[nailon]
nylon-, van nylon (bn)	nailonist	[nailonisʲt]
polyester (het)	polüester	[polʉesʲter]
polyester- (abn)	polüestrist	[polʉesʲtrisʲt]

leer (het)	nahk	[nahk]
leren (van leer gemaak)	nahast	[nahasʲt]
bont (het)	karusnahk	[karusnahk]
bont- (abn)	karusnahkne	[karusnahkne]

36. Persoonlijke accessoires

handschoenen (mv.)	sõrmkindad	[sɜrmkindat]
wanten (mv.)	labakindad	[labakindat]
sjaal (fleece ~)	sall	[salʲ]

bril (de)	prillid	[prilʲit]
brilmontuur (het)	prilliraamid	[prilʲira:mit]
paraplu (de)	vihmavari	[ʋihmaʋari]
wandelstok (de)	jalutuskepp	[jalutuskepp]
haarborstel (de)	juuksehari	[ju:ksehari]
waaier (de)	lehvik	[lehʋik]

das (de)	lips	[lips]
strikje (het)	kikilips	[kikilips]
bretels (mv.)	traksid	[traksit]
zakdoek (de)	taskurätik	[taskurætik]

kam (de)	kamm	[kamm]
haarspeldje (het)	juukseklamber	[ju:kseklamber]

| schuifspeldje (het) | juuksenõel | [juːksenзelʲ] |
| gesp (de) | pannal | [pannalʲ] |

| broekriem (de) | vöö | [ʋøː] |
| draagriem (de) | rihm | [rihm] |

handtas (de)	kott	[kott]
damestas (de)	käekott	[kæekott]
rugzak (de)	seljakott	[seljakott]

37. Kleding. Diversen

mode (de)	mood	[moːt]
de mode (bn)	moodne	[moːdne]
kledingstilist (de)	moekunstnik	[moekunsʲtnik]

kraag (de)	krae	[krae]
zak (de)	tasku	[tasku]
zak- (abn)	tasku-	[tasku-]
mouw (de)	varrukas	[ʋarrukas]
lusje (het)	tripp	[tripp]
gulp (de)	püksiauk	[pʉksiauk]

rits (de)	tõmblukk	[tзmblukk]
sluiting (de)	kinnis	[kinnis]
knoop (de)	nööp	[nøːp]
knoopsgat (het)	nööpauk	[nøːpauk]
losraken (bijv. knopen)	eest ära tulema	[eːsʲt æra tulema]

naaien (kleren, enz.)	õmblema	[зmblema]
borduren (ww)	tikkima	[tikkima]
borduursel (het)	tikkimine	[tikkimine]
naald (de)	nõel	[nзelʲ]
draad (de)	niit	[niːt]
naad (de)	õmblus	[зmblus]

vies worden (ww)	ära määrima	[æra mæːrima]
vlek (de)	plekk	[plekk]
gekreukt raken (ov. kleren)	kortsu minema	[kortsu minema]
scheuren (ov.ww.)	katki minema	[katki minema]
mot (de)	koi	[koj]

38. Persoonlijke verzorging. Schoonheidsmiddelen

tandpasta (de)	hambapasta	[hambapasʲta]
tandenborstel (de)	hambahari	[hambahari]
tanden poetsen (ww)	hambaid pesema	[hambait pesema]

scheermes (het)	pardel	[pardelʲ]
scheerschuim (het)	habemeajamiskreem	[habemeajamiskreːm]
zich scheren (ww)	habet ajama	[habet ajama]
zeep (de)	seep	[seːp]

41

shampoo (de)	šampoon	[ʃampoːn]
schaar (de)	käärid	[kæːrit]
nagelvijl (de)	küüneviil	[kuːneʋiːlʲ]
nagelknipper (de)	küünekäärid	[kuːnekæːrit]
pincet (het)	pintsett	[pintsett]

cosmetica (de)	kosmeetika	[kosmeːtika]
masker (het)	mask	[mask]
manicure (de)	maniküür	[manikuːr]
manicure doen	maniküüri tegema	[manikuːri tegema]
pedicure (de)	pediküür	[pedikuːr]

cosmetica tasje (het)	kosmeetikakott	[kosmeːtikakott]
poeder (de/het)	puuder	[puːder]
poederdoos (de)	puudritoos	[puːdritoːs]
rouge (de)	põsepuna	[pɜsepuna]

parfum (de/het)	lõhnaõli	[lɜhnaɜli]
eau de toilet (de)	tualettvesi	[tualettʋesi]
lotion (de)	näovesi	[næoʋesi]
eau de cologne (de)	odekolonn	[odekolonn]

oogschaduw (de)	lauvärv	[lauʋærʋ]
oogpotlood (het)	silmapliiats	[silʲmapliːats]
mascara (de)	ripsmetušš	[ripsmetuʃʃ]

lippenstift (de)	huulepulk	[huːlepulʲk]
nagellak (de)	küünelakk	[kuːnelakk]
haarlak (de)	juukselakk	[juːkselakk]
deodorant (de)	desodorant	[desodorant]

crème (de)	kreem	[kreːm]
gezichtscrème (de)	näokreem	[næokreːm]
handcrème (de)	kätekreem	[kætekreːm]
antirimpelcrème (de)	kortsudevastane kreem	[kortsudeʋasʲtane kreːm]
dagcrème (de)	päevakreem	[pæeʋakreːm]
nachtcrème (de)	öökreem	[øːkreːm]
dag- (abn)	päeva-	[pæeʋa-]
nacht- (abn)	öö-	[øː-]

tampon (de)	tampoon	[tampoːn]
toiletpapier (het)	tualettpaber	[tualettpaber]
föhn (de)	föön	[føːn]

39. Juwelen

sieraden (mv.)	väärtesemed	[ʋæːrtesemet]
edel (bijv. ~ stenen)	väärtuslik	[ʋæːrtuslik]
keurmerk (het)	proov	[proːʋ]

ring (de)	sõrmus	[sɜrmus]
trouwring (de)	laulatussõrmus	[laulatussɜrmus]
armband (de)	käevõru	[kæeʋɜru]
oorringen (mv.)	kõrvarõngad	[kɜrʋarɜngat]

halssnoer (het)	kaelakee	[kaelake:]
kroon (de)	kroon	[kro:n]
kralen snoer (het)	helmed	[helʲmet]

diamant (de)	briljant	[briljant]
smaragd (de)	smaragd	[smaragt]
robijn (de)	rubiin	[rubi:n]
saffier (de)	safiir	[safi:r]
parel (de)	pärlid	[pærlit]
barnsteen (de)	merevaik	[mereʋaik]

40. Horloges. Klokken

polshorloge (het)	käekell	[kæəkelʲ]
wijzerplaat (de)	sihverplaat	[sihʋerpla:t]
wijzer (de)	osuti	[osuti]
metalen horlogeband (de)	kellarihm	[kelʲærihm]
horlogebandje (het)	kellarihm	[kelʲærihm]

batterij (de)	patarei	[patarej]
leeg zijn (ww)	tühjaks saama	[tʉhjaks sa:ma]
batterij vervangen	patareid vahetama	[patarejt ʋahetama]
voorlopen (ww)	ette käima	[ette kæjma]
achterlopen (ww)	taha jääma	[taha jæ:ma]

wandklok (de)	seinakell	[sejnakelʲ]
zandloper (de)	liivakell	[li:ʋakelʲ]
zonnewijzer (de)	päiksekell	[pæjksekelʲ]
wekker (de)	äratuskell	[æratuskelʲ]
horlogemaker (de)	kellassepp	[kelʲæssepp]
repareren (ww)	parandama	[parandama]

43

Voedsel. Voeding

41. Voedsel

vlees (het)	liha	[liha]
kip (de)	kana	[kana]
kuiken (het)	kanapoeg	[kanapoeg]
eend (de)	part	[part]
gans (de)	hani	[hani]
wild (het)	metslinnud	[metslinnut]
kalkoen (de)	kalkun	[kalʲkun]
varkensvlees (het)	sealiha	[sealiha]
kalfsvlees (het)	vasikaliha	[ʋasikaliha]
schapenvlees (het)	lambaliha	[lambaliha]
rundvlees (het)	loomaliha	[lo:maliha]
konijnenvlees (het)	küülik	[kʉ:lik]
worst (de)	vorst	[ʋorsʲt]
saucijs (de)	viiner	[ʋi:ner]
spek (het)	peekon	[pe:kon]
ham (de)	sink	[sink]
gerookte achterham (de)	sink	[sink]
paté, pastei (de)	pasteet	[pasʲte:t]
lever (de)	maks	[maks]
gehakt (het)	hakkliha	[hakkliha]
tong (de)	keel	[ke:lʲ]
ei (het)	muna	[muna]
eieren (mv.)	munad	[munat]
eiwit (het)	munavalge	[munaʋalʲge]
eigeel (het)	munakollane	[munakolʲæne]
vis (de)	kala	[kala]
zeevruchten (mv.)	mereannid	[mereannit]
schaaldieren (mv.)	koorikloomad	[ko:riklo:mat]
kaviaar (de)	kalamari	[kalamari]
krab (de)	krabi	[krabi]
garnaal (de)	krevett	[kreʋett]
oester (de)	auster	[ausʲter]
langoest (de)	langust	[langusʲt]
octopus (de)	kaheksajalg	[kaheksajalʲg]
inktvis (de)	kalmaar	[kalʲma:r]
steur (de)	tuurakala	[tu:rakala]
zalm (de)	lõhe	[lɜhe]
heilbot (de)	paltus	[palʲtus]
kabeljauw (de)	tursk	[tursk]

makreel (de)	skumbria	[skumbria]
tonijn (de)	tuunikala	[tu:nikala]
paling (de)	angerjas	[angerjas]

forel (de)	forell	[foreⁱⁱ]
sardine (de)	sardiin	[sardi:n]
snoek (de)	haug	[haug]
haring (de)	heeringas	[he:ringas]

brood (het)	leib	[lejb]
kaas (de)	juust	[ju:sⁱt]
suiker (de)	suhkur	[suhkur]
zout (het)	sool	[so:lⁱ]

rijst (de)	riis	[ri:s]
pasta (de)	makaronid	[makaronit]
noedels (mv.)	lintnuudlid	[lintnu:tlit]

boter (de)	või	[uɜi]
plantaardige olie (de)	taimeõli	[taimeɜli]
zonnebloemolie (de)	päevalilleõli	[pæɵualilⁱeɜli]
margarine (de)	margariin	[margari:n]

olijven (mv.)	oliivid	[oli:uit]
olijfolie (de)	oliivõli	[oli:uɜli]

melk (de)	piim	[pi:m]
gecondenseerde melk (de)	kondenspiim	[kondenspi:m]
yoghurt (de)	jogurt	[jogurt]
zure room (de)	hapukoor	[hapuko:r]
room (de)	koor	[ko:r]

mayonaise (de)	majonees	[majone:s]
crème (de)	kreem	[kre:m]

graan (het)	tangud	[tangut]
meel (het), bloem (de)	jahu	[jahu]
conserven (mv.)	konservid	[konseruit]

maïsvlokken (mv.)	maisihelbed	[maisihelⁱbet]
honing (de)	mesi	[mesi]
jam (de)	džemm	[dʒemm]
kauwgom (de)	närimiskumm	[nɔɔrimiɜkumm]

42. Drankjes

water (het)	vesi	[uesi]
drinkwater (het)	joogivesi	[jo:giuesi]
mineraalwater (het)	mineraalvesi	[minera:lⁱuesi]

zonder gas	gaasita	[ga:sita]
koolzuurhoudend (bn)	gaseeritud	[gase:ritut]
bruisend (bn)	gaasiga	[ga:siga]
IJs (het)	jää	[jæ:]

met ijs	jääga	[jæ:ga]
alcohol vrij (bn)	alkoholivaba	[alʲkoholiʋaba]
alcohol vrije drank (de)	alkoholivaba jook	[alʲkoholiʋaba jo:k]
frisdrank (de)	karastusjook	[karasʲtusjo:k]
limonade (de)	limonaad	[limona:t]

alcoholische dranken (mv.)	alkohoolsed joogid	[alʲkoho:lʲset jo:git]
wijn (de)	vein	[ʋejn]
witte wijn (de)	valge vein	[ʋalʲge ʋejn]
rode wijn (de)	punane vein	[punane ʋejn]

likeur (de)	liköör	[likø:r]
champagne (de)	šampus	[ʃampus]
vermout (de)	vermut	[ʋermut]

whisky (de)	viski	[ʋiski]
wodka (de)	viin	[ʋi:n]
gin (de)	džinn	[dʒinn]
cognac (de)	konjak	[konjak]
rum (de)	rumm	[rumm]

koffie (de)	kohv	[kohʋ]
zwarte koffie (de)	must kohv	[musʲt kohʋ]
koffie (de) met melk	piimaga kohv	[pi:maga kohʋ]
cappuccino (de)	koorega kohv	[ko:rega kohʋ]
oploskoffie (de)	lahustuv kohv	[lahusʲtuʋ kohʋ]

melk (de)	piim	[pi:m]
cocktail (de)	kokteil	[koktejlʲ]
milkshake (de)	piimakokteil	[pi:makoktejlʲ]

sap (het)	mahl	[mahlʲ]
tomatensap (het)	tomatimahl	[tomatimahlʲ]
sinaasappelsap (het)	apelsinimahl	[apelʲsinimahlʲ]
vers geperst sap (het)	värskelt pressitud mahl	[ʋærskelʲt pressitut mahlʲ]

bier (het)	õlu	[ɜlu]
licht bier (het)	hele õlu	[hele ɜlu]
donker bier (het)	tume õlu	[tume ɜlu]

thee (de)	tee	[te:]
zwarte thee (de)	must tee	[musʲt te:]
groene thee (de)	roheline tee	[roheline te:]

43. Groenten

| groenten (mv.) | juurviljad | [ju:rʋiljat] |
| verse kruiden (mv.) | maitseroheline | [maitseroheline] |

tomaat (de)	tomat	[tomat]
augurk (de)	kurk	[kurk]
wortel (de)	porgand	[porgant]
aardappel (de)	kartul	[kartulʲ]
ui (de)	sibul	[sibulʲ]

knoflook (de)	küüslauk	[kʉ:slauk]
kool (de)	kapsas	[kapsas]
bloemkool (de)	lillkapsas	[lilʲkapsas]
spruitkool (de)	brüsseli kapsas	[brʉsseli kapsas]
broccoli (de)	brokkoli	[brokkoli]

rode biet (de)	peet	[pe:t]
aubergine (de)	baklažaan	[baklaʒa:n]
courgette (de)	suvikõrvits	[suʋikɜrʋits]
pompoen (de)	kõrvits	[kɜrʋits]
raap (de)	naeris	[naeris]

peterselie (de)	petersell	[peterselʲ]
dille (de)	till	[tilʲ]
sla (de)	salat	[salat]
selderij (de)	seller	[selʲer]
asperge (de)	aspar	[aspar]
spinazie (de)	spinat	[spinat]

erwt (de)	hernes	[hernes]
bonen (mv.)	oad	[oat]
maïs (de)	mais	[mais]
boon (de)	aedoad	[aedoat]

peper (de)	pipar	[pipar]
radijs (de)	redis	[redis]
artisjok (de)	artišokk	[artiʃokk]

44. Vruchten. Noten

vrucht (de)	puuvili	[pu:ʋili]
appel (de)	õun	[ɜun]
peer (de)	pirn	[pirn]
citroen (de)	sidrun	[sidrun]
sinaasappel (de)	apelsin	[apelʲsin]
aardbei (de)	aedmaasikas	[aedma:sikas]

mandarijn (de)	mandariin	[mandari:n]
pruim (de)	ploom	[plo:m]
perzik (de)	virsik	[ʋirsik]
abrikoos (de)	aprikoos	[ɑpriko: s]
framboos (de)	vaarikas	[ʋa:rikas]
ananas (de)	ananass	[ananass]

banaan (de)	banaan	[bana:n]
watermeloen (de)	arbuus	[arbu:s]
druif (de)	viinamarjad	[ʋi:namarjat]
zure kers (de)	kirss	[kirss]
zoete kers (de)	murel	[murelʲ]
meloen (de)	melon	[melon]

grapefruit (de)	greip	[grejp]
avocado (de)	avokaado	[aʋoka:do]
papaja (de)	papaia	[papaia]

| mango (de) | mango | [mango] |
| granaatappel (de) | granaatõun | [grana:t3un] |

rode bes (de)	punane sõstar	[punane s3sʲtar]
zwarte bes (de)	must sõstar	[musʲt s3sʲtar]
kruisbes (de)	karusmari	[karusmari]
bosbes (de)	mustikas	[musʲtikas]
braambes (de)	põldmari	[p3lʲdmari]

rozijn (de)	rosinad	[rosinat]
vijg (de)	ingver	[ingʊer]
dadel (de)	dattel	[dattelʲ]

pinda (de)	maapähkel	[ma:pæhkelʲ]
amandel (de)	mandlipähkel	[mantlipæhkelʲ]
walnoot (de)	kreeka pähkel	[kre:ka pæhkelʲ]
hazelnoot (de)	sarapuupähkel	[sarapu:pæhkelʲ]
kokosnoot (de)	kookospähkel	[ko:kospæhkelʲ]
pistaches (mv.)	pistaatsiapähkel	[pisʲta:tsiapæhkelʲ]

45. Brood. Snoep

suikerbakkerij (de)	kondiitritooted	[kondi:trito:tet]
brood (het)	leib	[lejb]
koekje (het)	küpsis	[kʉpsis]

chocolade (de)	šokolaad	[ʃokola:t]
chocolade- (abn)	šokolaadi-	[ʃokola:di-]
snoepje (het)	komm	[komm]
cakeje (het)	kook	[ko:k]
taart (bijv. verjaardags~)	tort	[tort]

| pastei (de) | pirukas | [pirukas] |
| vulling (de) | täidis | [tæjdis] |

confituur (de)	moos	[mo:s]
marmelade (de)	marmelaad	[marmela:t]
wafel (de)	vahvlid	[ʊahʊlit]
IJsje (het)	jäätis	[jæ:tis]

46. Bereide gerechten

gerecht (het)	roog	[ro:g]
keuken (bijv. Franse ~)	köök	[kø:k]
recept (het)	retsept	[retsept]
portie (de)	portsjon	[portsjon]

| salade (de) | salat | [salat] |
| soep (de) | supp | [supp] |

| bouillon (de) | puljong | [puljong] |
| boterham (de) | võileib | [ʊ3jlejb] |

spiegelei (het)	munaroog	[munaro:g]
hamburger (de)	hamburger	[hamburger]
biefstuk (de)	biifsteek	[bi:fsᶦte:k]

garnering (de)	lisand	[lisant]
spaghetti (de)	spagetid	[spagetit]
aardappelpuree (de)	kartulipüree	[kartulipʉre:]
pizza (de)	pitsa	[pitsa]
pap (de)	puder	[puder]
omelet (de)	omlett	[omlett]

gekookt (in water)	keedetud	[ke:detut]
gerookt (bn)	suitsutatud	[suitsutatut]
gebakken (bn)	praetud	[praetut]
gedroogd (bn)	kuivatatud	[kuiʋatatut]
diepvries (bn)	külmutatud	[kʉlʲmutatut]
gemarineerd (bn)	marineeritud	[marine:ritut]

zoet (bn)	magus	[magus]
gezouten (bn)	soolane	[so:lane]
koud (bn)	külm	[kʉlʲm]
heet (bn)	kuum	[ku:m]
bitter (bn)	mõru	[mɜru]
lekker (bn)	maitsev	[maitseʋ]

koken (in kokend water)	keetma	[ke:tma]
bereiden (avondmaaltijd ~)	süüa tegema	[sʉ:a tegema]
bakken (ww)	praadima	[pra:dima]
opwarmen (ww)	soojendama	[so:jendama]

zouten (ww)	soolama	[so:lama]
peperen (ww)	pipardama	[pipardama]
raspen (ww)	riivima	[ri:ʋima]
schil (de)	koor	[ko:r]
schillen (ww)	koorima	[ko:rima]

47. Kruiden

zout (het)	sool	[so:lʲ]
gezouten (bn)	soolane	[so:lane]
zouten (ww)	soolama	[ɕo:lamɑ]

zwarte peper (de)	must pipar	[musᶦt pipar]
rode peper (de)	punane pipar	[punane pipar]
mosterd (de)	sinep	[sinep]
mierikswortel (de)	mädarõigas	[mædarɜigas]

condiment (het)	maitseaine	[maitseaine]
specerij , kruiderij (de)	vürts	[ʋʉrts]
saus (de)	kaste	[kasᶦte]
azijn (de)	äädikas	[æ:dikas]

| anijs (de) | aniis | [ani:s] |
| basilicum (de) | basiilik | [basi:lik] |

kruidnagel (de)	nelk	[nelʲk]
gember (de)	ingver	[ingʋer]
koriander (de)	koriander	[koriander]
kaneel (de/het)	kaneel	[kane:lʲ]

sesamzaad (het)	seesamiseemned	[se:samise:mnet]
laurierblad (het)	loorber	[lo:rber]
paprika (de)	paprika	[paprika]
komijn (de)	köömned	[kø:mnet]
saffraan (de)	safran	[safran]

48. Maaltijden

| eten (het) | söök | [sø:k] |
| eten (ww) | sööma | [sø:ma] |

ontbijt (het)	hommikusöök	[hommikusø:k]
ontbijten (ww)	hommikust sööma	[hommikusʲt sø:ma]
lunch (de)	lõuna	[lɜuna]
lunchen (ww)	lõunat sööma	[lɜunat sø:ma]
avondeten (het)	õhtusöök	[ɜhtusø:k]
souperen (ww)	õhtust sööma	[ɜhtusʲt sø:ma]

| eetlust (de) | söögiisu | [sø:gi:su] |
| Eet smakelijk! | Head isu! | [heat isu!] |

openen (een fles ~)	avama	[aʋama]
morsen (koffie, enz.)	maha valama	[maha ʋalama]
zijn gemorst	maha voolama	[maha ʋo:lama]

koken (water kookt bij 100°C)	keema	[ke:ma]
koken (Hoe om water te ~)	keetma	[ke:tma]
gekookt (~ water)	keedetud	[ke:detut]

| afkoelen (koeler maken) | jahutama | [jahutama] |
| afkoelen (koeler worden) | jahtuma | [jahtuma] |

| smaak (de) | maitse | [maitse] |
| nasmaak (de) | kõrvalmaitse | [kɜrʋalʲmaitse] |

volgen een dieet	kaalus alla võtma	[ka:lus alʲæ ʋɜtma]
dieet (het)	dieet	[die:t]
vitamine (de)	vitamiin	[ʋitami:n]
calorie (de)	kalor	[kalor]

| vegetariër (de) | taimetoitlane | [taimetojtlane] |
| vegetarisch (bn) | taimetoitluslik | [taimetojtluslik] |

vetten (mv.)	rasvad	[rasʋat]
eiwitten (mv.)	valgud	[ʋalʲgut]
koolhydraten (mv.)	süsivesikud	[sʉsiʋesikut]
snede (de)	viil	[ʋi:lʲ]
stuk (bijv. een ~ taart)	tükk	[tʉkk]
kruimel (de)	puru	[puru]

49. Tafelschikking

lepel (de)	lusikas	[lusikas]
mes (het)	nuga	[nuga]
vork (de)	kahvel	[kahʋelʲ]
kopje (het)	tass	[tass]
bord (het)	taldrik	[talʲdrik]
schoteltje (het)	alustass	[alusʲtass]
servet (het)	salvrätik	[salʲʋrætik]
tandenstoker (de)	hambaork	[hambaork]

50. Restaurant

restaurant (het)	restoran	[resʲtoran]
koffiehuis (het)	kohvituba	[kohʋituba]
bar (de)	baar	[ba:r]
tearoom (de)	teesalong	[te:salong]
kelner, ober (de)	kelner	[kelʲner]
serveerster (de)	ettekandja	[ettekandja]
barman (de)	baarimees	[ba:rime:s]
menu (het)	menüü	[menʉ:]
wijnkaart (de)	veinikaart	[ʋejnika:rt]
een tafel reserveren	lauda kinni panema	[lauda kinni panema]
gerecht (het)	roog	[ro:g]
bestellen (eten ~)	tellima	[telʲima]
een bestelling maken	tellimust andma	[telʲimusʲt andma]
aperitief (de/het)	aperitiiv	[aperiti:ʋ]
voorgerecht (het)	suupiste	[su:pisʲte]
dessert (het)	magustoit	[magusʲtojt]
rekening (de)	arve	[arʋe]
de rekening betalen	arvet maksma	[arʋet maksma]
wisselgeld teruggeven	raha tagasi andma	[raha tagasi andma]
fooi (de)	jootraha	[jo:traha]

Familie, verwanten en vrienden

51. Persoonlijke informatie. Formulieren

naam (de)	eesnimi	[e:snimi]
achternaam (de)	perekonnnimi	[perekonnnimi]
geboortedatum (de)	sünniaeg	[sʉnniaeg]
geboorteplaats (de)	sünnikoht	[sʉnnikoht]
nationaliteit (de)	rahvus	[rahʋus]
woonplaats (de)	elukoht	[elukoht]
land (het)	riik	[ri:k]
beroep (het)	elukutse	[elukutse]
geslacht (ov. het vrouwelijk ~)	sugu	[sugu]
lengte (de)	kasv	[kasʋ]
gewicht (het)	kaal	[ka:lʲ]

52. Familieleden. Verwanten

moeder (de)	ema	[ema]
vader (de)	isa	[isa]
zoon (de)	poeg	[poeg]
dochter (de)	tütar	[tʉtar]
jongste dochter (de)	noorem tütar	[no:rem tʉtar]
jongste zoon (de)	noorem poeg	[no:rem poeg]
oudste dochter (de)	vanem tütar	[ʋanem tʉtar]
oudste zoon (de)	vanem poeg	[ʋanem poeg]
broer (de)	vend	[ʋent]
oudere broer (de)	vanem vend	[ʋanem ʋent]
jongere broer (de)	noorem vend	[no:rem ʋent]
zuster (de)	õde	[ɜde]
oudere zuster (de)	vanem õde	[ʋanem ɜde]
jongere zuster (de)	noorem õde	[no:rem ɜde]
neef (zoon van oom, tante)	onupoeg	[onupoeg]
nicht (dochter van oom, tante)	onutütar	[onutʉtar]
mama (de)	mamma	[mamma]
papa (de)	papa	[papa]
ouders (mv.)	vanemad	[ʋanemat]
kind (het)	laps	[laps]
kinderen (mv.)	lapsed	[lapset]
oma (de)	vanaema	[ʋanaema]
opa (de)	vanaisa	[ʋanaisa]

kleinzoon (de)	lapselaps	[lapselaps]
kleindochter (de)	lapselaps	[lapselaps]
kleinkinderen (mv.)	lapselapsed	[lapselapset]

oom (de)	onu	[onu]
tante (de)	tädi	[tædi]
neef (zoon van broer, zus)	vennapoeg	[ʋennapoeg]
nicht (dochter van broer ,zus)	vennatütar	[ʋennatʉtar]

schoonmoeder (de)	ämm	[æmm]
schoonvader (de)	äi	[æj]
schoonzoon (de)	väimees	[ʋæjmeːs]
stiefmoeder (de)	võõrasema	[ʋɜːrasema]
stiefvader (de)	võõrasisa	[ʋɜːrasisa]

zuigeling (de)	rinnalaps	[rinnalaps]
wiegenkind (het)	imik	[imik]
kleuter (de)	väikelaps	[ʋæjkelaps]

vrouw (de)	naine	[naine]
man (de)	mees	[meːs]
echtgenoot (de)	abikaasa	[abikaːsa]
echtgenote (de)	abikaasa	[abikaːsa]

gehuwd (mann.)	abielus	[abielus]
gehuwd (vrouw.)	abielus	[abielus]
ongehuwd (mann.)	vallaline	[ʋalʲæline]
vrijgezel (de)	vanapoiss	[ʋanapojss]
gescheiden (bn)	lahutatud	[lahutatut]
weduwe (de)	lesk	[lesk]
weduwnaar (de)	lesk	[lesk]

familielid (het)	sugulane	[sugulane]
dichte familielid (het)	lähedane sugulane	[lʲæhedane sugulane]
verre familielid (het)	kaugelt sugulane	[kaugelʲt sugulane]
familieleden (mv.)	sugulased	[sugulaset]

wees (de), weeskind (het)	orb	[orb]
voogd (de)	eestkostja	[eːsʲtkosʲtja]
adopteren (een jongen te ~)	lapsendama	[lapsendama]
adopteren (een meisje te ~)	lapsendama	[lapsendama]

53. Vrienden. Collega's

vriend (de)	sõber	[sɜber]
vriendin (de)	sõbranna	[sɜbranna]
vriendschap (de)	sõprus	[sɜprus]
bevriend zijn (ww)	sõber olla	[sɜber olʲæ]

makker (de)	sõber	[sɜber]
vriendin (de)	sõbranna	[sɜbranna]
partner (de)	partner	[partner]
chef (de)	šeff	[ʃeff]
baas (de)	ülemus	[ʉlemus]

eigenaar (de)	omanik	[omanik]
ondergeschikte (de)	alluv	[alʲuʊ]
collega (de)	kolleeg	[kolʲe:g]
kennis (de)	tuttav	[tuttaʊ]
medereiziger (de)	teekaaslane	[te:ka:slane]
klasgenoot (de)	klassikaaslane	[klassika:slane]
buurman (de)	naaber	[na:ber]
buurvrouw (de)	naabrinaine	[na:brinaine]
buren (mv.)	naabrid	[na:brit]

54. Man. Vrouw

vrouw (de)	naine	[naine]
meisje (het)	tütarlaps	[tʉtarlaps]
bruid (de)	pruut	[pru:t]
mooi(e) (vrouw, meisje)	ilus	[ilus]
groot, grote (vrouw, meisje)	pikka kasvu	[pikka kasʊu]
slank(e) (vrouw, meisje)	sale	[sale]
korte, kleine (vrouw, meisje)	lühikest kasvu	[lʉhikesʲt kasʊu]
blondine (de)	blondiin	[blondi:n]
brunette (de)	brünett	[brʉnett]
dames- (abn)	daamide	[da:mide]
maagd (de)	neitsi	[nejtsi]
zwanger (bn)	rase	[rase]
man (de)	mees	[me:s]
blonde man (de)	blondiin	[blondi:n]
bruinharige man (de)	brünett	[brʉnett]
groot (bn)	pikka kasvu	[pikka kasʊu]
klein (bn)	lühikest kasvu	[lʉhikesʲt kasʊu]
onbeleefd (bn)	jõhker	[jɜhker]
gedrongen (bn)	jässakas	[jæssakas]
robuust (bn)	vastupidav	[ʊasʲtupidaʊ]
sterk (bn)	tugev	[tugeʊ]
sterkte (de)	jõud	[jɜut]
mollig (bn)	täidlane	[tæjtlane]
getaand (bn)	tõmmu	[tɜmmu]
slank (bn)	sihvakas	[sihʊakas]
elegant (bn)	elegantne	[elegantne]

55. Leeftijd

leeftijd (de)	vanus	[ʊanus]
jeugd (de)	noorus	[no:rus]
jong (bn)	noor	[no:r]

| jonger (bn) | noorem | [no:rem] |
| ouder (bn) | vanem | [ʋanem] |

jongen (de)	noormees	[no:rme:s]
tiener, adolescent (de)	nooruk	[no:ruk]
kerel (de)	poiss	[pojss]

| oude man (de) | vanamees | [ʋaname:s] |
| oude vrouw (de) | vanaeit | [ʋanaejt] |

volwassen (bn)	täiskasvanud	[tæjskasʋanut]
van middelbare leeftijd (bn)	keskealine	[keskealine]
bejaard (bn)	eakas	[eakas]
oud (bn)	vana	[ʋana]

pensioen (het)	pension	[pension]
met pensioen gaan	pensionile minema	[pensionile minema]
gepensioneerde (de)	pensionär	[pensionær]

56. Kinderen

kind (het)	laps	[laps]
kinderen (mv.)	lapsed	[lapset]
tweeling (de)	kaksikud	[kaksikut]

wieg (de)	häll	[hælʲ]
rammelaar (de)	kõristi	[kɜrisʲti]
luier (de)	mähe	[mæhe]

speen (de)	lutt	[lutt]
kinderwagen (de)	lapsevanker	[lapseʋanker]
kleuterschool (de)	lasteaed	[lasʲteaet]
babysitter (de)	lapsehoidja	[lapsehojdja]

kindertijd (de)	lapsepõlv	[lapsepɜlʲʋ]
pop (de)	nukk	[nukk]
speelgoed (het)	mänguasi	[mænguasi]
bouwspeelgoed (het)	konstruktor	[konsʲtruktor]

welopgevoed (bn)	hästikasvatatud	[hæsʲtikasʋatatut]
onopgevoed (bn)	kasvatamatu	[kasʋatamatɪ]
verwend (bn)	hellitatud	[helʲitatut]

stout zijn (ww)	mürama	[mʉrama]
stout (bn)	vallatu	[ʋalʲætu]
stoutheid (de)	vallatus	[ʋalʲætus]
stouterd (de)	vallatu jõmpsikas	[ʋalʲætu jɜmpsikas]

| gehoorzaam (bn) | kuulekas | [ku:lekas] |
| ongehoorzaam (bn) | sõnakuulmatu | [sɜnaku:lʲmatu] |

braaf (bn)	mõistlik	[mɜisʲtlik]
slim (verstandig)	tark	[tark]
wonderkind (het)	imelaps	[imelaps]

57. Gehuwde paren. Gezinsleven

kussen (een kus geven)	suudlema	[suːtlema]
elkaar kussen (ww)	suudlema	[suːtlema]
gezin (het)	perekond	[perekont]
gezins- (abn)	perekondlik	[perekontlik]
paar (het)	abielupaar	[abielupaːr]
huwelijk (het)	abielu	[abielu]
thuis (het)	kodukolle	[kodukolʲe]
dynastie (de)	dünastia	[dunasʲtia]

date (de)	kohtamine	[kohtamine]
zoen (de)	suudlus	[suːtlus]

liefde (de)	armastus	[armasʲtus]
liefhebben (ww)	armastama	[armasʲtama]
geliefde (bn)	kallim	[kalʲim]

tederheid (de)	õrnus	[ɜrnus]
teder (bn)	õrn	[ɜrn]
trouw (de)	truudus	[truːdus]
trouw (bn)	truu	[truː]
zorg (bijv. bejaarden~)	hoolitsus	[hoːlitsus]
zorgzaam (bn)	hoolitsev	[hoːlitseʋ]

jonggehuwden (mv.)	pruutpaar	[pruːtpaːr]
wittebroodsweken (mv.)	mesinädalad	[mesinædalat]
trouwen (vrouw)	mehele minema	[mehele minema]
trouwen (man)	naist võtma	[naisʲt ʋɜtma]

bruiloft (de)	pulmad	[pulʲmat]
gouden bruiloft (de)	kuldpulm	[kulʲtpulʲm]
verjaardag (de)	aastapäev	[aːsʲtapæəʋ]

minnaar (de)	armuke	[armuke]
minnares (de)	armuke	[armuke]

overspel (het)	petmine	[petmine]
overspel plegen (ww)	petma	[petma]
jaloers (bn)	armukade	[armukade]
jaloers zijn (echtgenoot, enz.)	armukadetsema	[armukadetsema]
echtscheiding (de)	lahutus	[lahutus]
scheiden (ww)	lahutama	[lahutama]

ruzie hebben (ww)	tülitsema	[tulitsema]
vrede sluiten (ww)	leppima	[leppima]
samen (bw)	koos	[koːs]
seks (de)	seks	[seks]

geluk (het)	õnn	[ɜnn]
gelukkig (bn)	õnnelik	[ɜnnelik]
ongeluk (het)	õnnetus	[ɜnnetus]
ongelukkig (bn)	õnnetu	[ɜnnetu]

Karakter. Gevoelens. Emoties

58. Gevoelens. Emoties

gevoel (het)	tunne	[tunne]
gevoelens (mv.)	tunded	[tundet]
voelen (ww)	tundma	[tundma]
honger (de)	nälg	[næliɡ]
honger hebben (ww)	süüa tahtma	[sʉːa tahtma]
dorst (de)	janu	[janu]
dorst hebben	juua tahtma	[juːa tahtma]
slaperigheid (de)	unisus	[unisus]
willen slapen	magada tahtma	[magada tahtma]
moeheid (de)	väsimus	[ʋæsimus]
moe (bn)	väsinud	[ʋæsinut]
vermoeid raken (ww)	väsima	[ʋæsima]
stemming (de)	tuju	[tuju]
verveling (de)	igavus	[igaʋus]
zich vervelen (ww)	igavlema	[igaʋlema]
afzondering (de)	üksindus	[ʉksindus]
zich afzonderen (ww)	üksi olema	[ʉksi olema]
bezorgd maken (ww)	muret tegema	[muret tegema]
zich bezorgd maken	muretsema	[muretsema]
zorg (bijv. geld~en)	rahutus	[rahutus]
ongerustheid (de)	häire	[hæjre]
ongerust (bn)	muretsev	[muretseʋ]
zenuwachtig zijn (ww)	närveerima	[nærʋeːrima]
in paniek raken	paanikasse sattuma	[paːnikasse sattuma]
hoop (de)	lootus	[loːtus]
hopen (ww)	lootma	[loːtma]
zekerheid (de)	enesekindlus	[enesekintlus]
zeker (bn)	enesekindel	[enesekindelʲ]
onzekerheid (de)	ebakindlus	[ebakintlus]
onzeker (bn)	ebakindel	[ebakindelʲ]
dronken (bn)	purjus	[purjus]
nuchter (bn)	kaine	[kaine]
zwak (bn)	nõrk	[nɜrk]
gelukkig (bn)	õnnelik	[ɜnnelik]
doen schrikken (ww)	ehmatama	[ehmatama]
toorn (de)	märatsushoog	[mæratsushoːɡ]
woede (de)	raev	[raeʋ]
depressie (de)	depressioon	[depressioːn]
ongemak (het)	ebamugavus	[ebamugaʋus]

gemak, comfort (het)	mugavus	[mugauus]
spijt hebben (ww)	kahetsema	[kahetsema]
spijt (de)	kahetsus	[kahetsus]
pech (de)	ebaõnnestumine	[eba3nnesitumine]
bedroefdheid (de)	kurvastus	[kuruasitus]
schaamte (de)	häbi	[hæbi]
pret (de), plezier (het)	pidu	[pidu]
enthousiasme (het)	entusiasm	[entusiasm]
enthousiasteling (de)	entusiast	[entusiasit]
enthousiasme vertonen	entusiasmi üles näitama	[entusiasmi ules næjtama]

59. Karakter. Persoonlijkheid

karakter (het)	iseloom	[iselo:m]
karakterfout (de)	nõrkus	[n3rkus]
verstand (het)	mõistus	[m3isitus]
rede (de)	aru	[aru]
geweten (het)	südametunnistus	[sudametunnisitus]
gewoonte (de)	harjumus	[harjumus]
bekwaamheid (de)	võimed	[u3imet]
kunnen (bijv., ~ zwemmen)	oskama	[oskama]
geduldig (bn)	kannatlik	[kannatlik]
ongeduldig (bn)	kannatamatu	[kannatamatu]
nieuwsgierig (bn)	uudishimulik	[u:dishimulik]
nieuwsgierigheid (de)	uudishimu	[u:dishimu]
bescheidenheid (de)	tagasihoidlikkus	[tagasihojtlikkus]
bescheiden (bn)	tagasihoidlik	[tagasihojtlik]
onbescheiden (bn)	taktitundetu	[taktitundetu]
luiheid (de)	laiskus	[laiskus]
lui (bn)	laisk	[laisk]
luiwammes (de)	laiskvorst	[laiskuorsit]
sluwheid (de)	kavalus	[kaualus]
sluw (bn)	kaval	[kauali]
wantrouwen (het)	umbusaldus	[umbusalidus]
wantrouwig (bn)	umbusklik	[umbusklik]
gulheid (de)	heldus	[helidus]
gul (bn)	helde	[helide]
talentrijk (bn)	andekas	[andekas]
talent (het)	anne	[anne]
moedig (bn)	julge	[julige]
moed (de)	julgus	[juligus]
eerlijk (bn)	aus	[aus]
eerlijkheid (de)	ausus	[ausus]
voorzichtig (bn)	ettevaatlik	[etteua:tlik]
manhaftig (bn)	vapper	[uapper]

| ernstig (bn) | tõsine | [tɜsine] |
| streng (bn) | range | [range] |

resoluut (bn)	otsustav	[otsus'taʊ]
onzeker, irresoluut (bn)	kõhklev	[kɜhkleʊ]
schuchter (bn)	kartlik	[kartlik]
schuchterheid (de)	kartlikkus	[kartlikkus]

vertrouwen (het)	usaldus	[usal'dus]
vertrouwen (ww)	usaldama	[usal'dama]
goedgelovig (bn)	usaldav	[usal'daʊ]

oprecht (bw)	siiralt	[si:ral't]
oprecht (bn)	siiras	[si:ras]
oprechtheid (de)	siirus	[si:rus]
open (bn)	aval	[aʊal']

rustig (bn)	vaikne	[ʊaikne]
openhartig (bn)	avameelne	[aʊame:l'ne]
naïef (bn)	naiivne	[nai:ʊne]
verstrooid (bn)	hajameelne	[hajame:l'ne]
leuk, grappig (bn)	naljakas	[naljakas]

gierigheid (de)	ahnus	[ahnus]
gierig (bn)	ahne	[ahne]
inhalig (bn)	kitsi	[kitsi]
kwaad (bn)	kuri	[kuri]
koppig (bn)	kangekaelne	[kangekael'ne]
onaangenaam (bn)	ebameeldiv	[ebame:l'diʊ]

egoïst (de)	egoist	[egois't]
egoïstisch (bn)	egoistlik	[egois'tlik]
lafaard (de)	argpüks	[argpʉks]
laf (bn)	arg	[arg]

60. Slaap. Dromen

slapen (ww)	magama	[magama]
slaap (in ~ vallen)	uni	[uni]
droom (de)	unenägu	[unenægu]
dromen (in de slaap)	und nägema	[unt nægema]
slaperig (bn)	unine	[unine]

bed (het)	voodi	[ʊo:di]
matras (de)	madrats	[madrats]
deken (de)	tekk	[tekk]
kussen (het)	padi	[padi]
laken (het)	voodilina	[ʊo:dilina]

slapeloosheid (de)	unetus	[unetus]
slapeloos (bn)	unetu	[unetu]
slaapmiddel (het)	unerohi	[unerohi]
slaapmiddel innemen	unerohtu võtma	[unerohtu ʊɜtma]
willen slapen	magada tahtma	[magada tahtma]

geeuwen (ww)	haigutama	[haigutama]
gaan slapen	magama minema	[magama minema]
het bed opmaken	voodit üles tegema	[ʋoːdit ʉles tegema]
inslapen (ww)	magama jääma	[magama jæːma]

nachtmerrie (de)	õudusunenägu	[ɜudusunenægu]
gesnurk (het)	norskamine	[norskamine]
snurken (ww)	norskama	[norskama]

wekker (de)	äratuskell	[æratuskelʲ]
wekken (ww)	äratama	[æratama]
wakker worden (ww)	ärkama	[ærkama]
opstaan (ww)	üles tõusma	[ʉles tɜusma]
zich wassen (ww)	nägu pesema	[nægu pesema]

61. Humor. Gelach. Blijdschap

humor (de)	huumor	[huːmor]
gevoel (het) voor humor	huumorimeel	[huːmorimeːlʲ]
plezier hebben (ww)	lõbutsema	[lɜbutsema]
vrolijk (bn)	lõbus	[lɜbus]
pret (de), plezier (het)	lust	[lusʲt]

glimlach (de)	naeratus	[naeratus]
glimlachen (ww)	naeratama	[naeratama]
beginnen te lachen (ww)	naerma hakkama	[naerma hakkama]
lachen (ww)	naerma	[naerma]
lach (de)	naer	[naer]

mop (de)	anekdoot	[anekdoːt]
grappig (een ~ verhaal)	naljakas	[naljakas]
grappig (~e clown)	naljakas	[naljakas]

grappen maken (ww)	nalja tegema	[nalja tegema]
grap (de)	nali	[nali]
blijheid (de)	rõõm	[rɜːm]
blij zijn (ww)	rõõmustama	[rɜːmusʲtama]
blij (bn)	rõõmus	[rɜːmus]

62. Discussie, conversatie. Deel 1

communicatie (de)	suhtlemine	[suhtlemine]
communiceren (ww)	suhtlema	[suhtlema]

conversatie (de)	vestlus	[ʋesʲtlus]
dialoog (de)	dialoog	[dialoːg]
discussie (de)	diskussioon	[diskussioːn]
debat (het)	vaidlus	[ʋaitlus]
debatteren, twisten (ww)	vaidlema	[ʋaitlema]

gesprekspartner (de)	vestluskaaslane	[ʋesʲtluskaːslane]
thema (het)	teema	[teːma]

standpunt (het)	seisukoht	[sejsukoht]
mening (de)	arvamus	[aruamus]
toespraak (de)	kõne	[kɜne]

bespreking (de)	arutelu	[arutelu]
bespreken (spreken over)	arutama	[arutama]
gesprek (het)	vestlus	[ues⟨tlus]
spreken (converseren)	vestlema	[ues⟨tlema]
ontmoeting (de)	kohtumine	[kohtumine]
ontmoeten (ww)	kohtuma	[kohtuma]

spreekwoord (het)	vanasõna	[uanasɜna]
gezegde (het)	kõnekäänd	[kɜnekæ:nt]
raadsel (het)	mõistatus	[mɜis⟨tatus]
een raadsel opgeven	mõistatust andma	[mɜis⟨tatus⟨t andma]
wachtwoord (het)	parool	[paro:lⁱ]
geheim (het)	saladus	[saladus]

eed (de)	tõotus	[tɜotus]
zweren (een eed doen)	tõotama	[tɜotama]
belofte (de)	lubadus	[lubadus]
beloven (ww)	lubama	[lubama]

advies (het)	nõu	[nɜu]
adviseren (ww)	soovitama	[so:uitama]
advies volgen (iemands ~)	järgima nõuannet	[jærgima nɜuannet]
luisteren (gehoorzamen)	sõna kuulma	[sɜna ku:lⁱma]

nieuws (het)	uudis	[u:dis]
sensatie (de)	sensatsioon	[sensatsio:n]
informatie (de)	andmed	[andmet]
conclusie (de)	kokkuvõte	[kokkuu3te]
stem (de)	hääl	[hæ:lⁱ]
compliment (het)	kompliment	[kompliment]
vriendelijk (bn)	armastusväärne	[armas⟨tusuæ:rne]

woord (het)	sõna	[sɜna]
zin (de), zinsdeel (het)	väljend	[uæljent]
antwoord (het)	vastus	[uas⟨tus]

waarheid (de)	tõde	[tɜde]
leugen (de)	vale	[uale]

gedachte (de)	mõte	[mɜte]
idee (de/het)	idee, mõte	[ide:, mɜte]
fantasie (de)	väljamõeldis	[uæljamɜelⁱdis]

63. Discussie, conversatie. Deel 2

gerespecteerd (bn)	austatud	[aus⟨tatut]
respecteren (ww)	austama	[aus⟨tama]
respect (het)	austus	[aus⟨tus]
Geachte ... (brief)	Lugupeetud ...	[lugupe:tut ...]
voorstellen (Mag ik jullie ~)	tutvustama	[tutuus⟨tama]

kennismaken (met …)	tutvuma	[tutʊuma]
intentie (de)	kavatsus	[kaʊatsus]
intentie hebben (ww)	kavatsema	[kaʊatsema]
wens (de)	soov	[so:ʊ]
wensen (ww)	soovima	[so:ʊima]

verbazing (de)	imestus	[imesʲtus]
verbazen (verwonderen)	üllatama	[ʉlʲætama]
verbaasd zijn (ww)	imestama	[imesʲtama]

geven (ww)	andma	[andma]
nemen (ww)	võtma	[ʊɜtma]
teruggeven (ww)	tagastama	[tagasʲtama]
retourneren (ww)	tagasi andma	[tagasi andma]

zich verontschuldigen	vabandama	[ʊabandama]
verontschuldiging (de)	vabandus	[ʊabandus]
vergeven (ww)	andeks andma	[andeks andma]

spreken (ww)	rääkima	[ræ:kima]
luisteren (ww)	kuulama	[ku:lama]
aanhoren (ww)	ära kuulama	[æra ku:lama]
begrijpen (ww)	mõistma	[mɜisʲtma]

tonen (ww)	näitama	[næjtama]
kijken naar …	… vaatama	[… ʊa:tama]
roepen (vragen te komen)	kutsuma	[kutsuma]
afleiden (storen)	häirida	[hæjrida]
storen (lastigvallen)	tülitama	[tʉlitama]
doorgeven (ww)	üle andma	[ʉle andma]

verzoek (het)	palve	[palʲʊe]
verzoeken (ww)	paluma	[paluma]
eis (de)	nõue	[nɜue]
eisen (met klem vragen)	nõudma	[nɜudma]

beledigen	narrima	[narrima]
(beledigende namen geven)		
uitlachen (ww)	pilkama	[pilʲkama]
spot (de)	pilge	[pilʲge]
bijnaam (de)	hüüdnimi	[hʉ:dnimi]

zinspeling (de)	vihje	[ʊihje]
zinspelen (ww)	vihjama	[ʊihjama]
impliceren (duiden op)	silmas pidama	[silʲmas pidama]

beschrijving (de)	kirjeldus	[kirjelʲdus]
beschrijven (ww)	kirjeldama	[kirjelʲdama]
lof (de)	kiitus	[ki:tus]
loven (ww)	kiitma	[ki:tma]

teleurstelling (de)	pettumus	[pettumus]
teleurstellen (ww)	petma	[petma]
teleurgesteld zijn (ww)	pettuma	[pettuma]
veronderstelling (de)	eeldus	[e:lʲdus]
veronderstellen (ww)	eeldama	[e:lʲdama]

| waarschuwing (de) | hoiatus | [hojatus] |
| waarschuwen (ww) | hoiatama | [hojatama] |

64. Discussie, conversatie. Deel 3

| aanpraten (ww) | veenma | [ʋe:nma] |
| kalmeren (kalm maken) | rahustama | [rahusˈtama] |

stilte (de)	vaikimine	[ʋaikimine]
zwijgen (ww)	vaikima	[ʋaikima]
fluisteren (ww)	sosistama	[sosisˈtama]
gefluister (het)	sosin	[sosin]

| open, eerlijk (bw) | avameelselt | [aʋame:lˈselʲt] |
| volgens mij ... | minu arvates ... | [minu arʋates ...] |

detail (het)	üksikasi	[ɯksikasi]
gedetailleerd (bn)	üksikasjalik	[ɯksikasjalik]
gedetailleerd (bw)	üksikasjalikult	[ɯksikasjalikulʲt]

| hint (de) | etteütlemine | [etteɯtlemine] |
| een hint geven | ette ütlema | [ette ɯtlema] |

blik (de)	pilk	[pilʲk]
een kijkje nemen	pilku heitma	[pilʲku hejtma]
strak (een ~ke blik)	liikumatu	[li:kumatu]
knipperen (ww)	pilgutama	[pilʲgutama]
knipogen (ww)	pilgutama	[pilʲgutama]
knikken (ww)	noogutama	[no:gutama]

zucht (de)	ohe	[ohe]
zuchten (ww)	ohkama	[ohkama]
huiveren (ww)	võpatama	[ʋɜpatama]
gebaar (het)	žest	[ʒesʲt]
aanraken (ww)	puudutama	[pu:dutama]
grijpen (ww)	haarama	[ha:rama]
een schouderklopje geven	patsutama	[patsutama]

Kijk uit!	Ettevaatust!	[etteʋa:tusʲt!]
Echt?	Kas tõesti?	[kas tɜesʲti?]
Bent je er zeker van?	Oled sa kindel?	[olet sa kindelʲ?]
Succes!	Õnn kaasa!	[ɜnn ka:sa!]
Juist, ja!	Selge!	[selʲge!]
Wat jammer!	Kahju!	[kahju!]

65. Overeenstemming. Weigering

instemming (het)	nõusolek	[nɜusolek]
instemmen (akkoord gaan)	nõustuma	[nɜusˈtuma]
goedkeuring (de)	heakskiitmine	[heakski:tmine]
goedkeuren (ww)	heaks kiitma	[heaks ki:tma]
weigering (de)	keeldumine	[ke:lʲdumine]

weigeren (ww)	keelduma	[ke:lʲduma]
Geweldig!	Suurepärane!	[su:repærane!]
Goed!	Hästi!	[hæsʲti!]
Akkoord!	Hea küll!	[hea kɯlʲ!]

verboden (bn)	keelatud	[ke:latut]
het is verboden	ei tohi	[ej tohi]
het is onmogelijk	võimatu	[ʋɜimatu]
onjuist (bn)	vale	[ʋale]

afwijzen (ww)	tagasi lükkama	[tagasi lɯkkama]
steunen	toetama	[toetama]
(een goed doel, enz.)		
aanvaarden (excuses ~)	vastu võtma	[ʋasʲtu ʋɜtma]

bevestigen (ww)	kinnitama	[kinnitama]
bevestiging (de)	kinnitus	[kinnitus]
toestemming (de)	luba	[luba]
toestaan (ww)	lubama	[lubama]
beslissing (de)	otsus	[otsus]
z'n mond houden (ww)	vaikima	[ʋaikima]

voorwaarde (de)	tingimus	[tingimus]
smoes (de)	ettekääne	[ettekæ:ne]
lof (de)	kiitus	[ki:tus]
loven (ww)	kiitma	[ki:tma]

66. Succes. Veel geluk. Mislukking

succes (het)	edu	[edu]
succesvol (bw)	edukalt	[edukalʲt]
succesvol (bn)	edukas	[edukas]

geluk (het)	vedamine	[ʋedamine]
Succes!	Õnn kaasa!	[ɜnn ka:sa!]
geluks- (bn)	õnnestunud	[ɜnnesʲtunut]
gelukkig (fortuinlijk)	õnneseen	[ɜnnese:n]

mislukking (de)	äpardus	[æpardus]
tegenslag (de)	ebaõnn	[ebaɜnn]
pech (de)	ebaõnnestumine	[ebaɜnnesʲtumine]
zonder succes (bn)	ebaõnnestunud	[ebaɜnnesʲtunut]
catastrofe (de)	katastroof	[katasʲtro:f]

fierheid (de)	uhkus	[uhkus]
fier (bn)	uhke	[uhke]
fier zijn (ww)	uhkust tundma	[uhkusʲt tundma]

winnaar (de)	võitja	[ʋɜitja]
winnen (ww)	võitma	[ʋɜitma]
verliezen (ww)	kaotama	[kaotama]
poging (de)	katse	[katse]
pogen, proberen (ww)	püüdma	[pɯ:dma]
kans (de)	šanss	[ʃanss]

67. Ruzies. Negatieve emoties

schreeuw (de)	karje	[karje]
schreeuwen (ww)	karjuma	[karjuma]
beginnen te schreeuwen	karjuma hakkama	[karjuma hakkama]
ruzie (de)	tüli	[tɤli]
ruzie hebben (ww)	tülitsema	[tɤlitsema]
schandaal (het)	skandaal	[skanda:lʲ]
schandaal maken (ww)	skandaali tegema	[skanda:li tegema]
conflict (het)	konflikt	[konflikt]
misverstand (het)	arusaamatus	[arusa:matus]
belediging (de)	solvamine	[solʲʊamine]
beledigen	solvama	[solʲʊama]
(met scheldwoorden)		
beledigd (bn)	solvatud	[solʲʊatut]
krenking (de)	solvumine	[solʲʊumine]
krenken (beledigen)	solvama	[solʲʊama]
gekwetst worden (ww)	solvuma	[solʲʊuma]
verontwaardiging (de)	pahameel	[pahame:lʲ]
verontwaardigd zijn (ww)	pahane olema	[pahane olema]
klacht (de)	kaebus	[kaebus]
klagen (ww)	kaebama	[kaebama]
verontschuldiging (de)	vabandus	[ʊabandus]
zich verontschuldigen	vabandama	[ʊabandama]
excuus vragen	andeks paluma	[andeks paluma]
kritiek (de)	kriitika	[kri:tika]
bekritiseren (ww)	kritiseerima	[kritise:rima]
beschuldiging (de)	süüdistus	[sɤ:disʲtus]
beschuldigen (ww)	süüdistama	[sɤ:disʲtama]
wraak (de)	kättemaks	[kættemaks]
wreken (ww)	kätte maksma	[kætte maksma]
wraak nemen (ww)	kätte maksma	[kætte maksma]
minachting (de)	põlgus	[pɜlʲgus]
minachten (ww)	põlgama	[pɜlʲgama]
haat (de)	viha	[ʊiha]
haten (ww)	vihkama	[ʊihkama]
zenuwachtig (bn)	närviline	[næruiline]
zenuwachtig zijn (ww)	närveerima	[nærʊe:rima]
boos (bn)	vihane	[ʊihane]
boos maken (ww)	vihale ajama	[ʊihale ajama]
vernedering (de)	alandus	[alandus]
vernederen (ww)	alandama	[alandama]
zich vernederen (ww)	alandust taluma	[alandusʲt taluma]
schok (de)	šokk	[ʃokk]
schokken (ww)	šokeerima	[ʃoke:rima]

65

onaangenaamheid (de)	ebameeldivus	[ebame:lʲdiʋus]
onaangenaam (bn)	ebameeldiv	[ebame:lʲdiʋ]
vrees (de)	hirm	[hirm]
vreselijk (bijv. ~ onweer)	hirmus	[hirmus]
eng (bn)	kole	[kole]
gruwel (de)	õudus	[ɜudus]
vreselijk (~ nieuws)	õudne	[ɜudne]
beginnen te beven	värisema hakkama	[ʋærisema hakkama]
huilen (wenen)	nutma	[nutma]
beginnen te huilen (wenen)	nutma hakkama	[nutma hakkama]
traan (de)	pisar	[pisar]
schuld (~ geven aan)	süü	[sʉ:]
schuldgevoel (het)	süütunne	[sʉ:tunne]
schande (de)	häbi	[hæbi]
protest (het)	protest	[protesʲt]
stress (de)	stress	[sʲtress]
storen (lastigvallen)	segama	[segama]
kwaad zijn (ww)	vihastama	[ʋihasʲtama]
kwaad (bn)	vihane	[ʋihane]
beëindigen (een relatie ~)	katkestama	[katkesʲtama]
vloeken (ww)	sõimama	[sɜimama]
schrikken (schrik krijgen)	ehmuma	[ehmuma]
slaan (iemand ~)	lööma	[lø:ma]
vechten (ww)	kaklema	[kaklema]
regelen (conflict)	korda ajama	[korda ajama]
ontevreden (bn)	rahulolematu	[rahulolematu]
woedend (bn)	raevukas	[raeʋukas]
Dat is niet goed!	See ei ole hea!	[se: ej ole hea!]
Dat is slecht!	See on halb!	[se: on halʲb!]

Geneeskunde

68. Ziekten

ziekte (de)	haigus	[haigus]
ziek zijn (ww)	haige olema	[haige olema]
gezondheid (de)	tervis	[teruis]
snotneus (de)	nohu	[nohu]
angina (de)	angiin	[angi:n]
verkoudheid (de)	külmetus	[kɰlʲmetus]
verkouden raken (ww)	külmetuma	[kɰlʲmetuma]
bronchitis (de)	bronhiit	[bronhi:t]
longontsteking (de)	kopsupõletik	[kopsupɜletik]
griep (de)	gripp	[gripp]
bijziend (bn)	lühinägelik	[lɰhinægelik]
verziend (bn)	kaugenägelik	[kaugenægelik]
scheelheid (de)	kõõrdsilmsus	[kɜ:rdsilʲmsus]
scheel (bn)	kõõrdsilmne	[kɜ:rdsilʲmne]
grauwe staar (de)	katarakt	[katarakt]
glaucoom (het)	glaukoom	[glauko:m]
beroerte (de)	insult	[insulʲt]
hartinfarct (het)	infarkt	[infarkt]
myocardiaal infarct (het)	müokardi infarkt	[mɰokardi infarkt]
verlamming (de)	halvatus	[halʲuatus]
verlammen (ww)	halvama	[halʲuama]
allergie (de)	allergia	[alʲergia]
astma (de/het)	astma	[asʲtma]
diabetes (de)	diabeet	[diabe:t]
tandpijn (de)	hambavalu	[hambaualu]
tandbederf (het)	kaaries	[ka:ries]
diarree (de)	kõhulahtisus	[kɜhulahtisus]
constipatie (de)	kõhukinnisus	[kɜhukinnisus]
maagstoornis (de)	kõhulahtisus	[kɜhulahtisus]
voedselvergiftiging (de)	mürgitus	[mɰrgitus]
voedselvergiftiging oplopen	mürgitust saama	[mɰrgitusʲt sa:ma]
artritis (de)	artriit	[artri:t]
rachitis (de)	rahhiit	[rahhi:t]
reuma (het)	reuma	[reuma]
arteriosclerose (de)	ateroskleroos	[aterosklero:s]
gastritis (de)	gastriit	[gasʲtri:t]
blindedarmontsteking (de)	apenditsiit	[apenditsi:t]

galblaasontsteking (de)	koletsüstiit	[koletsᴜsˡti:t]
zweer (de)	haavand	[ha:ʋant]
mazelen (mv.)	leetrid	[le:trit]
rodehond (de)	punetised	[punetiset]
geelzucht (de)	kollatõbi	[kolˡætɔbi]
leverontsteking (de)	hepatiit	[hepati:t]
schizofrenie (de)	skisofreenia	[skisofre:nia]
dolheid (de)	marutaud	[marutaut]
neurose (de)	neuroos	[neuro:s]
hersenschudding (de)	ajuvapustus	[ajuʋapusˡtus]
kanker (de)	vähk	[ʋæhk]
sclerose (de)	skleroos	[sklero:s]
multiple sclerose (de)	hajameelne skleroos	[hajame:lˡne sklero:s]
alcoholisme (het)	alkoholism	[alˡkoholism]
alcoholicus (de)	alkohoolik	[alˡkoho:lik]
syfilis (de)	süüfilis	[sᴜ:filis]
AIDS (de)	AIDS	[aids]
tumor (de)	kasvaja	[kasʋaja]
kwaadaardig (bn)	pahaloomuline	[pahalo:muline]
goedaardig (bn)	healoomuline	[healo:muline]
koorts (de)	palavik	[palaʋik]
malaria (de)	malaaria	[mala:ria]
gangreen (het)	gangreen	[gangre:n]
zeeziekte (de)	merehaigus	[merehaigus]
epilepsie (de)	epilepsia	[epilepsia]
epidemie (de)	epideemia	[epide:mia]
tyfus (de)	tüüfus	[tᴜ:fus]
tuberculose (de)	tuberkuloos	[tuberkulo:s]
cholera (de)	koolera	[ko:lera]
pest (de)	katk	[katk]

69. Symptomen. Behandelingen. Deel 1

symptoom (het)	sümptom	[sᴜmptom]
temperatuur (de)	temperatuur	[temperatu:r]
verhoogde temperatuur (de)	kõrge palavik	[kɔrge palaʋik]
polsslag (de)	pulss	[pulˡss]
duizeling (de)	peapööritus	[peapø:ritus]
heet (erg warm)	kuum	[ku:m]
koude rillingen (mv.)	vappekülm	[ʋappekᴜlˡm]
bleek (bn)	kahvatu	[kahʋatu]
hoest (de)	köha	[køha]
hoesten (ww)	köhima	[køhima]
niezen (ww)	aevastama	[aeʋasˡtama]
flauwte (de)	minestus	[minesˡtus]

flauwvallen (ww)	teadvust kaotama	[teaduusʲt kaotama]
blauwe plek (de)	sinikas	[sinikas]
buil (de)	muhk	[muhk]
zich stoten (ww)	ära lööma	[æra lø:ma]
kneuzing (de)	haiget saanud koht	[haiget sa:nut koht]
kneuzen (gekneusd zijn)	haiget saama	[haiget sa:ma]

hinken (ww)	lonkama	[lonkama]
verstuiking (de)	nihestus	[nihesʲtus]
verstuiken (enkel, enz.)	nihestama	[nihesʲtama]
breuk (de)	luumurd	[lu:murt]
een breuk oplopen	luud murdma	[lu:t murdma]

snijwond (de)	lõikehaav	[lɜikeha:ʋ]
zich snijden (ww)	endale sisse lõikama	[endale sisse lɜikama]
bloeding (de)	verejooks	[ʋerejo:ks]

brandwond (de)	põletushaav	[pɜletusha:ʋ]
zich branden (ww)	end ära põletama	[ent æra pɜletama]

prikken (ww)	torkama	[torkama]
zich prikken (ww)	end torkama	[ent torkama]
blesseren (ww)	kergelt haavama	[kergelʲt ha:ʋama]
blessure (letsel)	vigastus	[ʋigasʲtus]
wond (de)	haav	[ha:ʋ]
trauma (het)	trauma	[trauma]

ijlen (ww)	sonima	[sonima]
stotteren (ww)	kokutama	[kokutama]
zonnesteek (de)	päiksepiste	[pæejksepisʲte]

70. Symptomen. Behandelingen. Deel 2

pijn (de)	valu	[ʋalu]
splinter (de)	pind	[pint]

zweet (het)	higi	[higi]
zweten (ww)	higistama	[higisʲtama]
braking (de)	okse	[okse]
stuiptrekkingen (mv.)	krambid	[krambit]

zwanger (bn)	rase	[rase]
geboren worden (ww)	sündima	[sɥndima]
geboorte (de)	sünnitus	[sɥnnitus]
baren (ww)	sünnitama	[sɥnnitama]
abortus (de)	abort	[abort]

ademhaling (de)	hingamine	[hingamine]
inademing (de)	sissehingamine	[sissehingamine]
uitademing (de)	väljahingamine	[ʋæljahingamine]
uitademen (ww)	välja hingama	[ʋælja hingama]
inademen (ww)	sisse hingama	[sisse hingama]
invalide (de)	invaliid	[inʋali:t]
gehandicapte (de)	vigane	[ʋigane]

drugsverslaafde (de)	narkomaan	[narkoma:n]
doof (bn)	kurt	[kurt]
stom (bn)	tumm	[tumm]
doofstom (bn)	kurttumm	[kurttumm]

krankzinnig (bn)	hullumeelne	[hulʲume:lʲne]
krankzinnige (man)	vaimuhaige	[ʋaimuhaige]
krankzinnige (vrouw)	vaimuhaige	[ʋaimuhaige]
krankzinnig worden	hulluks minema	[hulʲuks minema]

gen (het)	geen	[ge:n]
immuniteit (de)	immuniteet	[immunite:t]
erfelijk (bn)	pärilik	[pærilik]
aangeboren (bn)	kaasasündinud	[ka:sasɯndinut]

virus (het)	viirus	[ʋi:rus]
microbe (de)	mikroob	[mikro:b]
bacterie (de)	bakter	[bakter]
infectie (de)	nakkus	[nakkus]

71. Symptomen. Behandelingen. Deel 3

| ziekenhuis (het) | haigla | [haigla] |
| patiënt (de) | patsient | [patsient] |

diagnose (de)	diagnoos	[diagno:s]
genezing (de)	iseravimine	[iseraʋimine]
medische behandeling (de)	ravimine	[raʋimine]
onder behandeling zijn	ennast ravima	[ennasʲt raʋima]
behandelen (ww)	ravima	[raʋima]
zorgen (zieken ~)	hoolitsema	[ho:litsema]
ziekenzorg (de)	hoolitsus	[ho:litsus]

operatie (de)	operatsioon	[operatsio:n]
verbinden (een arm ~)	siduma	[siduma]
verband (het)	sidumine	[sidumine]

vaccin (het)	vaktsineerimine	[ʋaktsine:rimine]
inenten (vaccineren)	vaktsineerima	[ʋaktsine:rima]
injectie (de)	süst	[sɯsʲt]
een injectie geven	süstima	[sɯsʲtima]

aanval (de)	haigushoog	[haigusho:g]
amputatie (de)	amputeerimine	[ampute:rimine]
amputeren (ww)	amputeerima	[ampute:rima]
coma (het)	kooma	[ko:ma]
in coma liggen	koomas olema	[ko:mas olema]
intensieve zorg, ICU (de)	reanimatsioon	[reanimatsio:n]

zich herstellen (ww)	terveks saama	[terʋeks sa:ma]
toestand (de)	seisund	[sejsunt]
bewustzijn (het)	teadvus	[teadʋus]
geheugen (het)	mälu	[mælu]
trekken (een kies ~)	hammast välja tõmbama	[hammasʲt ʋælja tɜmbama]

| vulling (de) | plomm | [plomm] |
| vullen (ww) | plombeerima | [plombe:rima] |

| hypnose (de) | hüpnoos | [hʉpno:s] |
| hypnotiseren (ww) | hüpnotiseerima | [hʉpnotise:rima] |

72. Artsen

dokter, arts (de)	arst	[arsʲt]
ziekenzuster (de)	medõde	[medɜde]
lijfarts (de)	isiklik arst	[isiklik arsʲt]

tandarts (de)	hambaarst	[hamba:rsʲt]
oogarts (de)	silmaarst	[silʲma:rsʲt]
therapeut (de)	sisearst	[sisearsʲt]
chirurg (de)	kirurg	[kirurg]

psychiater (de)	psühhiaater	[psʉhhia:ter]
pediater (de)	lastearst	[lasʲtearsʲt]
psycholoog (de)	psühholoog	[psʉhholo:g]
gynaecoloog (de)	naistearst	[naisʲtearsʲt]
cardioloog (de)	kardioloog	[kardiolo:g]

73. Geneeskunde. Medicijnen. Accessoires

geneesmiddel (het)	ravim	[raʋim]
middel (het)	vahend	[ʋahent]
voorschrijven (ww)	välja kirjutama	[ʋælja kirjutama]
recept (het)	retsept	[retsept]

tablet (de/het)	tablett	[tablett]
zalf (de)	salv	[salʲʋ]
ampul (de)	ampull	[ampulʲ]
drank (de)	mikstuur	[miksʲtu:r]
siroop (de)	siirup	[si:rup]
pil (do)	pill	[pilʲ]
poeder (de/het)	pulber	[pulʲber]

verband (het)	side	[sɪde]
watten (mv.)	vatt	[ʋatt]
jodium (het)	jood	[jo:t]

pleister (de)	plaaster	[pla:sʲter]
pipet (de)	pipett	[pipett]
thermometer (de)	kraadiklaas	[kra:dikla:s]
spuit (de)	süstal	[sʉsʲtalʲ]

| rolstoel (de) | invaliidikäru | [inʋali:dikæru] |
| krukken (mv.) | kargud | [kargut] |

| pijnstiller (de) | valuvaigisti | [ʋaluʋaigisʲti] |
| laxeermiddel (hot) | kõhulahtisti | [kɜhulahtisʲti] |

spiritus (de)	piiritus	[pi:ritus]
medicinale kruiden (mv.)	maarohud	[ma:rohut]
kruiden- (abn)	maarohtudest	[ma:rohtudes't]

74. Roken. Tabaksproducten

tabak (de)	tubakas	[tubakas]
sigaret (de)	sigarett	[sigarett]
sigaar (de)	sigar	[sigar]
pijp (de)	piip	[pi:p]
pakje (~ sigaretten)	suitsupakk	[suitsupakk]

lucifers (mv.)	tikud	[tikut]
luciferdoosje (het)	tikutoos	[tikuto:s]
aansteker (de)	välgumihkel	[væl'gumihkel']
asbak (de)	tuhatoos	[tuhato:s]
sigarettendoosje (het)	portsigar	[portsigar]

| sigarettenpijpje (het) | munstükk | [muns'tukk] |
| filter (de/het) | filter | [fil'ter] |

roken (ww)	suitsetama	[suitsetama]
een sigaret opsteken	suitsetama hakkama	[suitsetama hakkama]
roken (het)	suitsetamine	[suitsetamine]
roker (de)	suitsetaja	[suitsetaja]

peuk (de)	koni	[koni]
rook (de)	suits	[suits]
as (de)	tuhk	[tuhk]

HET MENSELIJKE LEEFGEBIED

Stad

75. Stad. Het leven in de stad

stad (de)	linn	[linn]
hoofdstad (de)	pealinn	[pealinn]
dorp (het)	küla	[kʉla]
plattegrond (de)	linnaplaan	[linnapla:n]
centrum (ov. een stad)	kesklinn	[kesklinn]
voorstad (de)	linnalähedane asula	[linnaĺæhedane asula]
voorstads- (abn)	linnalähedane	[linnaĺæhedane]
randgemeente (de)	äärelinn	[æ:relinn]
omgeving (de)	ümbrus	[ʉmbrus]
blok (huizenblok)	kvartal	[kʊartaĺ]
woonwijk (de)	elamukvartal	[elamukʊartaĺ]
verkeer (het)	liiklus	[li:klus]
verkeerslicht (het)	valgusfoor	[ʊaĺgusfo:r]
openbaar vervoer (het)	linnatransport	[linnatṛansport]
kruispunt (het)	ristmik	[risⁱtmik]
zebrapad (oversteekplaats)	ülekäik	[ʉlekæjk]
onderdoorgang (de)	jalakäijate tunnel	[jalakæjjate tunneĺ]
oversteken (de straat ~)	üle tänava minema	[ʉle tænaʊa minema]
voetganger (de)	jalakäija	[jalakæjja]
trottoir (het)	kõnnitee	[kɜnnite:]
brug (de)	sild	[silⁱt]
dijk (de)	kaldapealne	[kalⁱdapealⁱne]
fontein (de)	purskkaev	[purskkaeʊ]
allee (de)	allee	[alⁱe:]
park (het)	park	[park]
boulevard (de)	puiestee	[puiesⁱte:]
plein (het)	väljak	[ʊæljak]
laan (de)	prospekt	[prospekt]
straat (de)	tänav	[tænaʊ]
zijstraat (de)	põiktänav	[pɜiktænaʊ]
doodlopende straat (de)	umbtänav	[umbtænaʊ]
huis (het)	maja	[maja]
gebouw (het)	hoone	[ho:ne]
wolkenkrabber (de)	pilvelõhkuja	[pilⁱʊelɜhkuja]
gevel (de)	fassaad	[fassa:t]
dak (het)	katus	[katus]

venster (het)	aken	[aken]
boog (de)	võlv	[ʊɜlʲʊ]
pilaar (de)	sammas	[sammas]
hoek (ov. een gebouw)	nurk	[nurk]

vitrine (de)	vaateaken	[ʊɑːteaken]
gevelreclame (de)	silt	[silʲt]
affiche (de/het)	kuulutus	[kuːlutus]
reclameposter (de)	reklaamiplakat	[reklaːmiplakat]
aanplakbord (het)	reklaamikilp	[reklaːmikilʲp]

vuilnis (de/het)	prügi	[prʉgi]
vuilnisbak (de)	prügiurn	[prʉgiurn]
afval weggooien (ww)	prahti maha viskama	[prahti maha ʊiskama]
stortplaats (de)	prügimägi	[prʉgimægi]

telefooncel (de)	telefoniputka	[telefoniputka]
straatlicht (het)	laternapost	[laternaposʲt]
bank (de)	pink	[pink]

politieagent (de)	politseinik	[politsejnik]
politie (de)	politsei	[politsej]
zwerver (de)	kerjus	[kerjus]
dakloze (de)	pätt	[pætt]

76. Stedelijke instellingen

winkel (de)	kauplus	[kauplus]
apotheek (de)	apteek	[apteːk]
optiek (de)	optika	[optika]
winkelcentrum (het)	kaubanduskeskus	[kaubanduskeskus]
supermarkt (de)	supermarket	[supermarket]

bakkerij (de)	leivapood	[lejʊapoːt]
bakker (de)	pagar	[pagar]
banketbakkerij (de)	kondiitripood	[kondiːtripoːt]
kruidenier (de)	toidupood	[tojdupoːt]
slagerij (de)	lihakarn	[lihakarn]

| groentewinkel (de) | juurviljapood | [juːrʊiljapoːt] |
| markt (de) | turg | [turg] |

koffiehuis (het)	kohvik	[kohʊik]
restaurant (het)	restoran	[resʲtoran]
bar (de)	õllebaar	[ɜlʲebaːr]
pizzeria (de)	pitsabaar	[pitsabaːr]

kapperssalon (de/het)	juuksurisalong	[juːksurisalong]
postkantoor (het)	postkontor	[posʲtkontor]
stomerij (de)	keemiline puhastus	[keːmiline puhasʲtus]
fotostudio (de)	fotoateljee	[fotoatelje:]

| schoenwinkel (de) | kingapood | [kingapoːt] |
| boekhandel (de) | raamatukauplus | [raːmatukauplus] |

sportwinkel (de)	sporditarvete kauplus	[sporditaruete kauplus]
kledingreparatie (de)	riieteparandus	[ri:eteparandus]
kledingverhuur (de)	riietelaenutus	[ri:etelaenutus]
videotheek (de)	filmilaenutus	[fiⁱmilaenutus]

circus (de/het)	tsirkus	[tsirkus]
dierentuin (de)	loomaaed	[lo:ma:et]
bioscoop (de)	kino	[kino]
museum (het)	muuseum	[mu:seum]
bibliotheek (de)	raamatukogu	[ra:matukogu]

theater (het)	teater	[teater]
opera (de)	ooper	[o:per]
nachtclub (de)	ööklubi	[ø:klubi]
casino (het)	kasiino	[kasi:no]

moskee (de)	mošee	[moʃe:]
synagoge (de)	sünagoog	[sʉnago:g]
kathedraal (de)	katedraal	[katedra:lⁱ]
tempel (de)	pühakoda	[pʉhakoda]
kerk (de)	kirik	[kirik]

instituut (het)	instituut	[insⁱtitu:t]
universiteit (de)	ülikool	[ʉliko:lⁱ]
school (de)	kool	[ko:lⁱ]

gemeentehuis (het)	linnaosa valitsus	[linnaosa ualitsus]
stadhuis (het)	linnavalitsus	[linnaualitsus]
hotel (het)	hotell	[hotelⁱ]
bank (de)	pank	[pank]

ambassade (de)	suursaatkond	[su:rsa:tkont]
reisbureau (het)	reisibüroo	[rejsibʉro:]
informatieloket (het)	teadete büroo	[teadete bʉro:]
wisselkantoor (het)	rahavahetus	[rahauahetus]

metro (de)	metroo	[metro:]
ziekenhuis (het)	haigla	[haigla]

benzinestation (het)	tankla	[tankla]
parking (de)	parkla	[parkla]

77. Stedelijk vervoer

bus, autobus (de)	buss	[buss]
tram (de)	tramm	[tramm]
trolleybus (de)	troll	[trolⁱ]
route (de)	marsruut	[marsru:t]
nummer (busnummer, enz.)	number	[number]

rijden met ...	... sõitma	[... sɜitma]
stappen (in de bus ~)	sisenema	[sisenema]
afstappen (ww)	maha minema	[maha minema]
halte (de)	peatus	[peatus]

volgende halte (de)	järgmine peatus	[jærgmine peatus]
eindpunt (het)	lõpp-peatus	[lɜpp-peatus]
dienstregeling (de)	sõiduplaan	[sɜidupla:n]
wachten (ww)	ootama	[o:tama]

kaartje (het)	pilet	[pilet]
reiskosten (de)	pileti hind	[pileti hint]

kassier (de)	kassiir	[kassi:r]
kaartcontrole (de)	piletikontroll	[piletikontrolʲ]
controleur (de)	kontrolör	[kontrolør]

te laat zijn (ww)	hilinema	[hilinema]
missen (de bus ~)	hiljaks jääma	[hiljaks jæ:ma]
zich haasten (ww)	ruttama	[ruttama]

taxi (de)	takso	[takso]
taxichauffeur (de)	taksojuht	[taksojuht]
met de taxi (bw)	taksoga	[taksoga]
taxistandplaats (de)	taksopeatus	[taksopeatus]
een taxi bestellen	taksot välja kutsuma	[taksot ʋælja kutsuma]
een taxi nemen	taksot võtma	[taksot ʋɜtma]

verkeer (het)	tänavaliiklus	[tænaʋali:klus]
file (de)	liiklusummik	[li:klusummik]
spitsuur (het)	tipptund	[tipptunt]
parkeren (on.ww.)	parkima	[parkima]
parkeren (ov.ww.)	parkima	[parkima]
parking (de)	parkla	[parkla]

metro (de)	metroo	[metro:]
halte (bijv. kleine treinhalte)	jaam	[ja:m]
de metro nemen	metrooga sõitma	[metro:ga sɜitma]
trein (de)	rong	[rong]
station (treinstation)	raudteejaam	[raudte:ja:m]

78. Bezienswaardigheden

monument (het)	mälestussammas	[mælesʲtussammas]
vesting (de)	kindlus	[kintlus]
paleis (het)	loss	[loss]
kasteel (het)	loss	[loss]
toren (de)	torn	[torn]
mausoleum (het)	mausoleum	[mausoleum]

architectuur (de)	arhitektuur	[arhitektu:r]
middeleeuws (bn)	keskaegne	[keskaegne]
oud (bn)	vanaaegne	[ʋana:egne]
nationaal (bn)	rahvuslik	[rahʋuslik]
bekend (bn)	tuntud	[tuntut]

toerist (de)	turist	[turisʲt]
gids (de)	giid	[gi:t]
rondleiding (de)	ekskursioon	[ekskursio:n]

tonen (ww)	näitama	[næjtama]
vertellen (ww)	jutustama	[jutusⁱtama]
vinden (ww)	leidma	[lejdma]
verdwalen (de weg kwijt zijn)	ära kaduma	[æra kaduma]
plattegrond (~ van de metro)	skeem	[ske:m]
plattegrond (~ van de stad)	plaan	[pla:n]
souvenir (het)	suveniir	[suʋeni:r]
souvenirwinkel (de)	suveniirikauplus	[suʋeni:rikauplus]
een foto maken (ww)	pildistama	[pilⁱdisⁱtama]
zich laten fotograferen	laskma pildistada	[laskma pilⁱdisⁱtada]

79. Winkelen

kopen (ww)	ostma	[osⁱtma]
aankoop (de)	ost	[osⁱt]
winkelen (ww)	oste tegema	[osⁱte tegema]
winkelen (het)	šoppamine	[ʃoppamine]
open zijn (ov. een winkel, enz.)	lahti olema	[lahti olema]
gesloten zijn (ww)	kinni olema	[kinni olema]
schoeisel (het)	jalatsid	[jalatsit]
kleren (mv.)	riided	[ri:det]
cosmetica (de)	kosmeetika	[kosme:tika]
voedingswaren (mv.)	toiduained	[tojduainet]
geschenk (het)	kingitus	[kingitus]
verkoper (de)	müüja	[mɥ:ja]
verkoopster (de)	müüja	[mɥ:ja]
kassa (de)	kassa	[kassa]
spiegel (de)	peegel	[pe:gelⁱ]
toonbank (de)	lett	[lett]
paskamer (de)	proovikabiin	[pro:ʋikabi:n]
aanpassen (ww)	selga proovima	[selⁱga pro:ʋima]
passen (ov. kleren)	paras olema	[paras olema]
bevallen (prettig vinden)	meeldima	[me:lⁱdima]
prijs (de)	hind	[hint]
prijskaartje (het)	hinnalipik	[hinnalipik]
kosten (ww)	maksma	[maksma]
Hoeveel?	Kui palju?	[kui palju?]
korting (de)	allahindlus	[alⁱæhintlus]
niet duur (bn)	odav	[odaʋ]
goedkoop (bn)	odav	[odaʋ]
duur (bn)	kallis	[kalⁱis]
Dat is duur.	See on kallis.	[se: on kalⁱis]
verhuur (de)	laenutus	[laenutus]
huren (smoking, enz.)	laenutama	[laenutama]

| krediet (het) | pangalaen | [pangalaen] |
| op krediet (bw) | krediiti võtma | [kredi:ti ʋɜtma] |

80. Geld

geld (het)	raha	[raha]
ruil (de)	vahetus	[ʋahetus]
koers (de)	kurss	[kurss]
geldautomaat (de)	pangaautomaat	[panga:utoma:t]
muntstuk (de)	münt	[mʉnt]

| dollar (de) | dollar | [dolʲær] |
| euro (de) | euro | [euro] |

lire (de)	liir	[li:r]
Duitse mark (de)	mark	[mark]
frank (de)	frank	[frank]
pond sterling (het)	naelsterling	[naelʲsʲterling]
yen (de)	jeen	[je:n]

schuld (geldbedrag)	võlg	[ʋɜlʲg]
schuldenaar (de)	võlgnik	[ʋɜlʲgnik]
uitlenen (ww)	võlgu andma	[ʋɜlʲgu andma]
lenen (geld ~)	võlgu võtma	[ʋɜlʲgu ʋɜtma]

bank (de)	pank	[pank]
bankrekening (de)	pangakonto	[pangakonto]
storten (ww)	panema	[panema]
op rekening storten	arvele panema	[arʋele panema]
opnemen (ww)	arvelt võtma	[arʋelʲt ʋɜtma]

kredietkaart (de)	krediidikaart	[kredi:dika:rt]
baar geld (het)	sularaha	[sularaha]
cheque (de)	tšekk	[tʃekk]
een cheque uitschrijven	tšekki välja kirjutama	[tʃekki ʋælja kirjutama]
chequeboekje (het)	tšekiraamat	[tʃekira:mat]

portefeuille (de)	rahatasku	[rahatasku]
geldbeugel (de)	rahakott	[rahakott]
safe (de)	seif	[sejf]

erfgenaam (de)	pärija	[pærija]
erfenis (de)	pärandus	[pærandus]
fortuin (het)	varandus	[ʋarandus]

huur (de)	rent	[rent]
huurprijs (de)	korteriüür	[korteriʉ:r]
huren (huis, kamer)	üürima	[ʉ:rima]

prijs (de)	hind	[hint]
kostprijs (de)	maksumus	[maksumus]
som (de)	summa	[summa]
uitgeven (geld besteden)	raiskama	[raiskama]
kosten (mv.)	kulutused	[kulutuset]

bezuinigen (ww)	kokku hoidma	[kokku hojdma]
zuinig (bn)	kokkuhoidlik	[kokkuhojtlik]
betalen (ww)	tasuma	[tasuma]
betaling (de)	maksmine	[maksmine]
wisselgeld (het)	tagasiantav raha	[tagasiantau raha]
belasting (de)	maks	[maks]
boete (de)	trahv	[trahʋ]
beboeten (bekeuren)	trahvima	[trahʋima]

81. Post. Postkantoor

postkantoor (het)	postkontor	[posˈtkontor]
post (de)	post	[posˈt]
postbode (de)	postiljon	[posˈtiljon]
openingsuren (mv.)	töötunnid	[tø:tunnit]
brief (de)	kiri	[kiri]
aangetekende brief (de)	tähitud kiri	[tæhitut kiri]
briefkaart (de)	postkaart	[posˈtka:rt]
telegram (het)	telegramm	[telegramm]
postpakket (het)	pakk	[pakk]
overschrijving (de)	rahaülekanne	[rahaʉlekanne]
ontvangen (ww)	kätte saama	[kætte sa:ma]
sturen (zenden)	saatma	[sa:tma]
verzending (de)	saatmine	[sa:tmine]
adres (het)	aadress	[a:dress]
postcode (de)	indeks	[indeks]
verzender (de)	saatja	[sa:tja]
ontvanger (de)	saaja	[sa:ja]
naam (de)	eesnimi	[e:snimi]
achternaam (de)	perekonnanimi	[perekonnanimi]
tarief (het)	tariif	[tari:f]
standaard (bn)	harilik	[harilik]
zuinig (bn)	soodustariif	[so:dusˈtari:f]
gewicht (het)	kaal	[ka:lʲ]
afwegen (op de weegschaal)	kaaluma	[ka:luma]
envelop (de)	ümbrik	[ʉmbrik]
postzegel (de)	mark	[mark]
een postzegel plakken op	marki peale kleepima	[marki peale kle:pima]

Woning. Huis. Thuis

82. Huis. Woning

huis (het)	maja	[maja]
thuis (bw)	kodus	[kodus]
cour (de)	õu	[ɜu]
omheining (de)	tara	[tara]
baksteen (de)	telliskivi	[telʲiskiui]
van bakstenen	telliskivist	[telʲiskiuisʲt]
steen (de)	kivi	[kiui]
stenen (bn)	kivist	[kiuisʲt]
beton (het)	betoon	[beto:n]
van beton	betoonist	[beto:nisʲt]
nieuw (bn)	uus	[u:s]
oud (bn)	vana	[uana]
vervallen (bn)	kõdunenud	[kɜdunenut]
modern (bn)	kaasaegne	[ka:saegne]
met veel verdiepingen	mitmekorruseline	[mitmekorruseline]
hoog (bn)	kõrge	[kɜrge]
verdieping (de)	korrus	[korrus]
met een verdieping	ühekorruseline	[ʉhekorruseline]
laagste verdieping (de)	alumine korrus	[alumine korrus]
bovenverdieping (de)	ülemine korrus	[ʉlemine korrus]
dak (het)	katus	[katus]
schoorsteen (de)	korsten	[korsʲten]
dakpan (de)	katusekivi	[katusekiui]
pannen- (abn)	katusekivist	[katusekiuisʲt]
zolder (de)	pööning	[pø:ning]
venster (het)	aken	[aken]
glas (het)	klaas	[kla:s]
vensterbank (de)	aknalaud	[aknalaut]
luiken (mv.)	aknaluugid	[aknalu:git]
muur (de)	sein	[sejn]
balkon (het)	rõdu	[rɜdu]
regenpijp (de)	vihmaveetoru	[uihmaue:toru]
boven (bw)	üleval	[ʉleualʲ]
naar boven gaan (ww)	trepist üles minema	[trepisʲt ʉles minema]
afdalen (on.ww.)	laskuma	[laskuma]
verhuizen (ww)	kolima	[kolima]

83. Huis. Ingang. Lift

ingang (de)	trepikoda	[trepikoda]
trap (de)	trepp	[trepp]
treden (mv.)	astmed	[asʲtmet]
trapleuning (de)	käsipuu	[kæsipu:]
hal (de)	hall	[halʲ]
postbus (de)	postkast	[posʲtkasʲt]
vuilnisbak (de)	prügikonteiner	[prʉgikontejner]
vuilniskoker (de)	prügišaht	[prʉgiʃaht]
lift (de)	lift	[lift]
goederenlift (de)	veolift	[ʋeolift]
liftcabine (de)	kabiin	[kabi:n]
de lift nemen	liftiga sõitma	[liftiga sɜitma]
appartement (het)	korter	[korter]
bewoners (mv.)	elanikud	[elanikut]
buurman (de)	naaber	[na:ber]
buurvrouw (de)	naabrinaine	[na:brinaine]
buren (mv.)	naabrid	[na:brit]

84. Huis. Deuren. Sloten

deur (de)	uks	[uks]
toegangspoort (de)	värav	[ʋæraʋ]
deurkruk (de)	ukselink	[ukselink]
ontsluiten (ontgrendelen)	lukust lahti keerama	[lukusʲt lahti ke:rama]
openen (ww)	avama	[aʋama]
sluiten (ww)	sulgema	[sulʲgema]
sleutel (de)	võti	[ʋɜti]
sleutelbos (de)	võtmekimp	[ʋɜtmekimp]
knarsen (bijv. scharnier)	kriuksuma	[kriuksuma]
knarsgeluid (het)	kriuks	[kriuks]
scharnier (het)	uksehing	[uksehing]
deurmat (de)	uksematt	[uksematt]
slot (het)	lukk	[lukk]
sleutelgat (het)	lukuauk	[lukuauk]
grendel (de)	riiv	[ri:ʋ]
schuif (de)	riiv	[ri:ʋ]
hangslot (het)	tabalukk	[tabalukk]
aanbellen (ww)	helistama	[helisʲtama]
bel (geluid)	uksekella helin	[uksekelʲæ helin]
deurbel (de)	uksekell	[uksekelʲ]
belknop (de)	kellanupp	[kelʲænupp]
geklop (het)	koputus	[koputus]
kloppen (ww)	koputama	[koputama]

code (de)	kood	[ko:t]
cijferslot (het)	koodlukk	[ko:tlukk]
parlofoon (de)	sisetelefon	[sisetelefon]
nummer (het)	number	[number]
naambordje (het)	tabel	[tabelʲ]
deurspion (de)	uksesilm	[uksesilʲm]

85. Huis op het platteland

dorp (het)	küla	[kʉla]
moestuin (de)	aiamaa	[aiama:]
hek (het)	tara	[tara]
houten hekwerk (het)	hekk	[hekk]
tuinpoortje (het)	aiavärav	[aiaʋærau]

graanschuur (de)	ait	[ait]
wortelkelder (de)	kelder	[kelʲder]
schuur (de)	kuur	[ku:r]
waterput (de)	kaev	[kaeʋ]

kachel (de)	ahi	[ahi]
de kachel stoken	kütma	[kʉtma]
brandhout (het)	ahjupuud	[ahjupu:t]
houtblok (het)	puuhalg	[pu:halʲg]

veranda (de)	veranda	[ʋeranda]
terras (het)	terrass	[terrass]
bordes (het)	välistrepp	[ʋælisʲtrepp]
schommel (de)	kiik	[ki:k]

86. Kasteel. Paleis

kasteel (het)	loss	[loss]
paleis (het)	loss	[loss]
vesting (de)	kindlus	[kintlus]

ringmuur (de)	kindlusemüür	[kintlusemʉ:r]
toren (de)	torn	[torn]
donjon (de)	peatorn	[peatorn]

valhek (het)	tõstetav värav	[tɜsʲtetaʋ ʋærau]
onderaardse gang (de)	maa-alune käik	[ma:-alune kæjk]
slotgracht (de)	vallikraav	[ʋalʲikra:ʋ]

| ketting (de) | kett | [kett] |
| schietgat (het) | laskeava | [laskeaʋa] |

| prachtig (bn) | suurepärane | [su:repærane] |
| majestueus (bn) | suursugune | [su:rsugune] |

| onneembaar (bn) | juurdepääsmatu | [ju:rdepæ:smatu] |
| middeleeuws (bn) | keskaegne | [keskaegne] |

87. Appartement

appartement (het)	korter	[korter]
kamer (de)	tuba	[tuba]
slaapkamer (de)	magamistuba	[magamisʲtuba]
eetkamer (de)	söögituba	[sø:gituba]
salon (de)	külalistuba	[kʉlalisʲtuba]
studeerkamer (de)	kabinet	[kabinet]

gang (de)	esik	[esik]
badkamer (de)	vannituba	[ʋannituba]
toilet (het)	tualett	[tualett]

plafond (het)	lagi	[lagi]
vloer (de)	põrand	[pɜrant]
hoek (de)	nurk	[nurk]

88. Appartement. Schoonmaken

schoonmaken (ww)	korda tegema	[korda tegema]
opbergen (in de kast, enz.)	ära koristama	[æra korisʲtama]
stof (het)	tolm	[tolʲm]
stoffig (bn)	tolmune	[tolʲmune]
stoffen (ww)	tolmu pühkima	[tolʲmu pʉhkima]
stofzuiger (de)	tolmuimeja	[tolʲmuimeja]
stofzuigen (ww)	tolmuimejaga koristama	[tolʲmuimejaga korisʲtama]

vegen (de vloer ~)	pühkima	[pʉhkima]
veegsel (het)	prügi	[prʉgi]
orde (de)	kord	[kort]
wanorde (de)	korralagedus	[korralagedus]

zwabber (de)	hari	[hari]
poetsdoek (de)	lapp	[lapp]
veger (de)	luud	[lu:t]
stofblik (het)	prügikühvel	[prʉgikʉhʋelʲ]

89. Meubels. Interieur

meubels (mv.)	mööbel	[mø:belʲ]
tafel (de)	laud	[laut]
stoel (de)	tool	[to:lʲ]
bed (het)	voodi	[ʋo:di]
bankstel (het)	diivan	[di:ʋan]
fauteuil (de)	tugitool	[tugito:lʲ]

boekenkast (de)	raamatukapp	[ra:matukapp]
boekenrek (het)	raamaturiiul	[ra:maturi:ulʲ]

kledingkast (de)	riidekapp	[ri:dekapp]
kapstok (de)	varn	[ʋarn]

staande kapstok (de)	nagi	[nagi]
commode (de)	kummut	[kummut]
salontafeltje (het)	diivanilaud	[diːʋanilaut]
spiegel (de)	peegel	[peːgelʲ]
tapijt (het)	vaip	[ʋaip]
tapijtje (het)	uksematt	[uksematt]
haard (de)	kamin	[kamin]
kaars (de)	küünal	[kʉːnalʲ]
kandelaar (de)	küünlajalg	[kʉːnlajalʲg]
gordijnen (mv.)	külgkardinad	[kʉlʲgkardinat]
behang (het)	tapeet	[tapeːt]
jaloezie (de)	ribakardinad	[ribakardinat]
bureaulamp (de)	laualamp	[laualamp]
wandlamp (de)	valgusti	[ʋalʲgusʲti]
staande lamp (de)	põrandalamp	[pɔrandalamp]
luchter (de)	lühter	[lʉhter]
poot (ov. een tafel, enz.)	jalg	[jalʲg]
armleuning (de)	käetugi	[kæətugi]
rugleuning (de)	seljatugi	[seljatugi]
la (de)	sahtel	[sahtelʲ]

90. Beddengoed

beddengoed (het)	voodipesu	[ʋoːdipesu]
kussen (het)	padi	[padi]
kussenovertrek (de)	padjapüür	[padjapʉːr]
deken (de)	tekk	[tekk]
laken (het)	voodilina	[ʋoːdilina]
sprei (de)	voodikate	[ʋoːdikate]

91. Keuken

keuken (de)	köök	[køːk]
gas (het)	gaas	[gaːs]
gasfornuis (het)	gaasipliit	[gaːsipliːt]
elektrisch fornuis (het)	elektripliit	[elektripliːt]
oven (de)	praeahi	[praeahi]
magnetronoven (de)	mikrolaineahi	[mikrolaineahi]
koelkast (de)	külmkapp	[kʉlʲmkapp]
diepvriezer (de)	jääkapp	[jæːkapp]
vaatwasmachine (de)	nõudepesumasin	[nɔudepesumasin]
vleesmolen (de)	hakklihamasin	[hakklihamasin]
vruchtenpers (de)	mahlapress	[mahlapress]
toaster (de)	röster	[røsʲter]
mixer (de)	mikser	[mikser]

koffiemachine (de)	kohvikeetja	[kohʋike:tja]
koffiepot (de)	kohvikann	[kohʋikann]
koffiemolen (de)	kohviveski	[kohʋiʋeski]

fluitketel (de)	veekeetja	[ʋe:ke:tja]
theepot (de)	teekann	[te:kann]
deksel (de/het)	kaas	[ka:s]
theezeefje (het)	teesõel	[te:sɜelʲ]

lepel (de)	lusikas	[lusikas]
theelepeltje (het)	teelusikas	[te:lusikas]
eetlepel (de)	supilusikas	[supilusikas]
vork (de)	kahvel	[kahʋelʲ]
mes (het)	nuga	[nuga]

vaatwerk (het)	toidunõud	[tojdunɜut]
bord (het)	taldrik	[talʲdrik]
schoteltje (het)	alustass	[alusʲtass]

likeurglas (het)	napsiklaas	[napsikla:s]
glas (het)	klaas	[kla:s]
kopje (het)	tass	[tass]

suikerpot (de)	suhkrutoos	[suhkruto:s]
zoutvat (het)	soolatoos	[so:lato:s]
pepervat (het)	pipratops	[pipratops]
boterschaaltje (het)	võitoos	[ʋɜito:s]

steelpan (de)	pott	[pott]
bakpan (de)	pann	[pann]
pollepel (de)	supikulp	[supikulʲp]
vergiet (de/het)	kurnkopsik	[kurnkopsik]
dienblad (het)	kandik	[kandik]

fles (de)	pudel	[pudelʲ]
glazen pot (de)	klaaspurk	[kla:spurk]
blik (conserven~)	plekkpurk	[plekkpurk]

flesopener (de)	pudeliavaja	[pudeliaʋaja]
blikopener (de)	konserviavaja	[konserʋiaʋaja]
kurkentrekker (de)	korgitser	[korgitser]
filter (de/het)	filter	[filʲter]
filteren (ww)	filtreerima	[filʲtre:rima]

| huisvuil (het) | prügi | [prʉgi] |
| vuilnisemmer (de) | prügiämber | [prʉgiæmber] |

92. Badkamer

badkamer (de)	vannituba	[ʋannituba]
water (het)	vesi	[ʋesi]
kraan (de)	kraan	[kra:n]
warm water (het)	soe vesi	[soe ʋesi]
koud water (het)	külm vesi	[kʉlʲm ʋesi]

tandpasta (de)	hambapasta	[hambapasˈta]
tanden poetsen (ww)	hambaid pesema	[hambait pesema]
tandenborstel (de)	hambahari	[hambahari]

zich scheren (ww)	habet ajama	[habet ajama]
scheercrème (de)	habemeajamiskreem	[habemeajamiskre:m]
scheermes (het)	pardel	[pardelʲ]

wassen (ww)	pesema	[pesema]
een bad nemen	ennast pesema	[ennasˈt pesema]
douche (de)	dušš	[duʃʃ]
een douche nemen	duši all käima	[duʃi alʲ kæjma]

bad (het)	vann	[ʋann]
toiletpot (de)	WC-pott	[ʋeˈtse pott]
wastafel (de)	kraanikauss	[kra:nikauss]

| zeep (de) | seep | [se:p] |
| zeepbakje (het) | seebikarp | [se:bikarp] |

spons (de)	nuustik	[nu:sˈtik]
shampoo (de)	šampoon	[ʃampo:n]
handdoek (de)	käterätik	[kæterætik]
badjas (de)	hommikumantel	[hommikumantelʲ]

was (bijv. handwas)	pesupesemine	[pesupesemine]
wasmachine (de)	pesumasin	[pesumasin]
de was doen	pesu pesema	[pesu pesema]
waspoeder (de)	pesupulber	[pesupulʲber]

93. Huishoudelijke apparaten

televisie (de)	televiisor	[teleʋi:sor]
cassettespeler (de)	magnetofon	[magnetofon]
videorecorder (de)	videomagnetofon	[ʋideomagnetofon]
radio (de)	raadio	[ra:dio]
speler (de)	pleier	[plejer]

videoprojector (de)	videoprojektor	[ʋideoprojektor]
home theater systeem (het)	kodukino	[kodukino]
DVD-speler (de)	DVD-mängija	[dʋd-mæŋgija]
versterker (de)	võimendi	[ʋɔimendi]
spelconsole (de)	mängukonsool	[mæŋgukonso:lʲ]

videocamera (de)	videokaamera	[ʋideoka:mera]
fotocamera (de)	fotoaparaat	[fotoapara:t]
digitale camera (de)	fotokaamera	[fotoka:mera]

stofzuiger (de)	tolmuimeja	[tolʲmuimeja]
strijkijzer (het)	triikraud	[tri:kraut]
strijkplank (de)	triikimislaud	[tri:kimislaut]

| telefoon (de) | telefon | [telefon] |
| mobieltje (het) | mobiiltelefon | [mobi:lʲtelefon] |

schrijfmachine (de)	kirjutusmasin	[kirjutusmasin]
naaimachine (de)	õmblusmasin	[ɜmblusmasin]

microfoon (de)	mikrofon	[mikrofon]
koptelefoon (de)	kõrvaklapid	[kɜrʋaklapit]
afstandsbediening (de)	pult	[pulʲt]

CD (de)	CD-plaat	[tsede plaːt]
cassette (de)	kassett	[kassett]
vinylplaat (de)	heliplaat	[heliplaːt]

94. Reparaties. Renovatie

renovatie (de)	remont	[remont]
renoveren (ww)	remonti tegema	[remonti tegema]
repareren (ww)	remontima	[remontima]
op orde brengen	korda tegema	[korda tegema]
overdoen (ww)	ümber tegema	[ʉmber tegema]

verf (de)	värv	[ʋærʋ]
verven (muur ~)	värvima	[ʋærʋima]
schilder (de)	maaler	[maːler]
kwast (de)	pintsel	[pintselʲ]

kalk (de)	lubivärv	[lubiʋærʋ]
kalken (ww)	valgendama	[ʋalʲgendama]

behang (het)	tapeet	[tapeːt]
behangen (ww)	tapeeti panema	[tapeːti panema]
lak (de/het)	lakk	[lakk]
lakken (ww)	lakkima	[lakkima]

95. Loodgieterswerk

water (het)	vesi	[ʋesi]
warm water (het)	soe vesi	[soe ʋesi]
koud water (het)	külm vesi	[kʉlʲm ʋesi]
kraan (de)	kraan	[kraːn]

druppel (de)	tilk	[tilʲk]
druppelen (ww)	tilkuma	[tilʲkuma]
lekken (een lek hebben)	läbi jooksma	[lʲæbi joːksma]
lekkage (de)	leke	[leke]
plasje (het)	loik	[lojk]

buis, leiding (de)	toru	[toru]
stopkraan (de)	ventiil	[ʋentiːlʲ]
verstopt raken (ww)	umbe minema	[umbe minema]

gereedschap (het)	tööriistad	[tøːriːsʲtat]
Engelse sleutel (de)	mutrivõti	[mutriʋɜti]
losschroeven (ww)	lahti keerama	[lahti keːrama]

aanschroeven (ww)	kinni keerama	[kinni ke:rama]
ontstoppen (riool, enz.)	puhastama	[puhasˡtama]
loodgieter (de)	torulukksepp	[torulukksepp]
kelder (de)	kelder	[kelˡder]
riolering (de)	kanalisatsioon	[kanalisatsio:n]

96. Brand. Vuurzee

vuur (het)	tuli	[tuli]
vlam (de)	leek	[le:k]
vonk (de)	säde	[sæde]
rook (de)	suits	[suits]
fakkel (de)	tõrvik	[tɜrʋik]
kampvuur (het)	lõke	[lɜke]

benzine (de)	bensiin	[bensi:n]
kerosine (de)	petrooleum	[petro:leum]
brandbaar (bn)	põlevaine	[pɜleʋaine]
ontplofbaar (bn)	plahvatusohtlik	[plahʋatusohtlik]
VERBODEN TE ROKEN!	MITTE SUITSETADA!	[mitte suitsetada!]

veiligheid (de)	tuleohutus	[tuleohutus]
gevaar (het)	oht	[oht]
gevaarlijk (bn)	ohtlik	[ohtlik]

in brand vliegen (ww)	põlema minema	[pɜlema minema]
explosie (de)	plahvatus	[plahʋatus]
in brand steken (ww)	süütama	[sʉ:tama]
brandstichter (de)	süütaja	[sʉ:taja]
brandstichting (de)	süütamine	[sʉ:tamine]

vlammen (ww)	leegitsema	[le:gitsema]
branden (ww)	põlema	[pɜlema]
afbranden (ww)	maha põlema	[maha pɜlema]

de brandweer bellen	kutsuge tuletõrje	[kutsuge tuletɜrje]
brandweerman (de)	tuletõrjuja	[tuletɜrjuja]
brandweerwagen (de)	tuletõrjeauto	[tuletɜrjeauto]
brandweer (de)	tuletõrjemeeskond	[tuletɜrjeme:skont]
uitschuifbare ladder (de)	redel	[redelˡ]

brandslang (de)	voolik	[ʋo:lik]
brandblusser (de)	tulekustuti	[tulekusˡtuti]
helm (de)	kiiver	[ki:ʋer]
sirene (de)	sireen	[sire:n]

roepen (ww)	karjuma	[karjuma]
hulp roepen	appi kutsuma	[appi kutsuma]
redder (de)	päästja	[pæ:sˡtja]
redden (ww)	päästma	[pæ:sˡtma]

aankomen (per auto, enz.)	kohale sõitma	[kohale sɜitma]
blussen (ww)	kustutama	[kusˡtutama]
water (het)	vesi	[ʋesi]

zand (het)	liiv	[li:ʋ]
ruïnes (mv.)	varemed	[ʋaremet]
instorten (gebouw, enz.)	kokku kukkuma	[kokku kukkuma]
ineenstorten (ww)	kokku langema	[kokku langema]
inzakken (ww)	kokku varisema	[kokku ʋarisema]
brokstuk (het)	tükk	[tʉkk]
as (de)	tuhk	[tuhk]
verstikken (ww)	lämbuma	[lʲæmbuma]
omkomen (ww)	hukkuma	[hukkuma]

MENSELIJKE ACTIVITEITEN

Baan. Business. Deel 1

97. Bankieren

bank (de)	pank	[pank]
bankfiliaal (het)	osakond	[osakont]
bankbediende (de)	konsultant	[konsulˈtant]
manager (de)	juhataja	[juhataja]
bankrekening (de)	pangakonto	[pangakonto]
rekeningnummer (het)	arve number	[arʋe number]
lopende rekening (de)	jooksev arve	[jo:kseʋ arʋe]
spaarrekening (de)	kogumisarve	[kogumisarʋe]
een rekening openen	arvet avama	[arʋet aʋama]
de rekening sluiten	arvet lõpetama	[arʋet lɜpetama]
op rekening storten	arvele panema	[arʋele panema]
opnemen (ww)	arvelt võtma	[arʋelˈt ʋɜtma]
storting (de)	hoius	[hojus]
een storting maken	hoiust tegema	[hojusˈt tegema]
overschrijving (de)	ülekanne	[ʉlekanne]
een overschrijving maken	üle kandma	[ʉle kandma]
som (de)	summa	[summa]
Hoeveel?	Kui palju?	[kui palju?]
handtekening (de)	allkiri	[alˈkiri]
ondertekenen (ww)	allkirjastama	[alˈkirjasˈtama]
kredietkaart (de)	krediidikaart	[kredi:dika:rt]
code (de)	kood	[ko:t]
kredietkaartnummer (het)	krediidikaardi number	[kredi:dika:rdi number]
geldautomaat (de)	pangaautomaat	[panga:utoma:t]
cheque (de)	tšekk	[tʃekk]
een cheque uitschrijven	tšekki välja kirjutama	[tʃekki ʋælja kirjutama]
chequeboekje (het)	tšekiraamat	[tʃekira:mat]
lening, krediet (de)	pangalaen	[pangalaen]
een lening aanvragen	laenu taotlema	[laenu taotlema]
een lening nemen	laenu võtma	[laenu ʋɜtma]
een lening verlenen	laenu andma	[laenu andma]
garantie (de)	tagatis	[tagatis]

98. Telefoon. Telefoongesprek

telefoon (de)	telefon	[telefon]
mobieltje (het)	mobiiltelefon	[mobi:lˈtelefon]
antwoordapparaat (het)	automaatvastaja	[automa:tʋasˈtaja]
bellen (ww)	helistama	[helisˈtama]
belletje (telefoontje)	telefonihelin	[telefonihelin]
een nummer draaien	numbrit valima	[numbrit ʋalima]
Hallo!	hallo!	[halˈo!]
vragen (ww)	küsima	[kʉsima]
antwoorden (ww)	vastama	[ʋasˈtama]
horen (ww)	kuulma	[ku:lˈma]
goed (bw)	hästi	[hæsˈti]
slecht (bw)	halvasti	[halʲʋasˈti]
storingen (mv.)	häired	[hæjret]
hoorn (de)	telefonitoru	[telefonitoru]
opnemen (ww)	toru hargilt võtma	[toru hargilˈt ʋɔtma]
ophangen (ww)	toru hargile panema	[toru hargile panema]
bezet (bn)	liin on kinni	[li:n on kinni]
overgaan (ww)	telefon heliseb	[telefon heliseb]
telefoonboek (het)	telefoniraamat	[telefonira:mat]
lokaal (bn)	kohalik	[kohalik]
lokaal gesprek (het)	kohalik kõne	[kohalik kɜne]
interlokaal (bn)	kauge-	[kauge-]
interlokaal gesprek (het)	kaugekõne	[kaugekɜne]
buitenlands (bn)	rahvusvaheline	[rahʋusʋaheline]
buitenlands gesprek (het)	rahvusvaheline kõne	[rahʋusʋaheline kɜne]

99. Mobiele telefoon

mobieltje (het)	mobiiltelefon	[mobi:lʲtelefon]
scherm (het)	kuvar	[kuʋar]
toets, knop (de)	nupp	[nupp]
simkaart (de)	SIM-kaart	[sim-ka:rt]
batterij (de)	patarei	[patarej]
leeg zijn (ww)	tühjaks minema	[tʉhjaks minema]
acculader (de)	laadimisseade	[la:dimisseade]
menu (het)	menüü	[menʉ:]
instellingen (mv.)	häälestused	[hæ:lesˈtuset]
melodie (beltoon)	viis	[ʋi:s]
selecteren (ww)	valima	[ʋalima]
rekenmachine (de)	kalkulaator	[kalʲkula:tor]
voicemail (de)	automaatvastaja	[automa:tʋasˈtaja]
wekker (de)	äratuskell	[æratuskelʲ]

contacten (mv.)	telefoniraamat	[telefonira:mat]
SMS-bericht (het)	SMS-sõnum	[sms-sɜnum]
abonnee (de)	abonent	[abonent]

100. Schrijfbehoeften

| balpen (de) | pastakas | [pasˡtakas] |
| vulpen (de) | sulepea | [sulepea] |

potlood (het)	pliiats	[pli:ats]
marker (de)	marker	[marker]
viltstift (de)	viltpliiats	[ʋilˡtpli:ats]

| notitieboekje (het) | klade | [klade] |
| agenda (boekje) | päevik | [pæəʋik] |

liniaal (de/het)	joonlaud	[jo:nlaut]
rekenmachine (de)	kalkulaator	[kalˡkula:tor]
gom (de)	kustutuskumm	[kusˡtutuskumm]
punaise (de)	rõhknael	[rɜhknaelˡ]
paperclip (de)	kirjaklamber	[kirjaklamber]

lijm (de)	liim	[li:m]
nietmachine (de)	stepler	[sˡtepler]
perforator (de)	auguraud	[auguraut]
potloodslijper (de)	pliiatsiteritaja	[pli:atsiteritaja]

Baan. Business. Deel 2

101. Massamedia

krant (de)	ajaleht	[ajaleht]
tijdschrift (het)	ajakiri	[ajakiri]
pers (gedrukte media)	press	[press]
radio (de)	raadio	[ra:dio]
radiostation (het)	raadiojaam	[ra:dioja:m]
televisie (de)	televisioon	[televisio:n]
presentator (de)	saatejuht	[sa:tejuht]
nieuwslezer (de)	diktor	[diktor]
commentator (de)	kommentaator	[kommenta:tor]
journalist (de)	ajakirjanik	[ajakirjanik]
correspondent (de)	korrespondent	[korrespondent]
fotocorrespondent (de)	fotokorrespondent	[fotokorrespondent]
reporter (de)	reporter	[reporter]
redacteur (de)	toimetaja	[tojmetaja]
chef-redacteur (de)	peatoimetaja	[peatojmetaja]
zich abonneren op	tellima	[telʲima]
abonnement (het)	tellimine	[telʲimine]
abonnee (de)	tellija	[telʲija]
lezen (ww)	lugema	[lugema]
lezer (de)	lugeja	[lugeja]
oplage (de)	tiraaž	[tira:ʒ]
maand-, maandelijks (bn)	igakuine	[igakuine]
wekelijks (bn)	iganädalane	[iganædalane]
nummer (het)	number	[number]
vers (~ van de pers)	värske	[værske]
kop (de)	pealkiri	[pealʲkiri]
korte artikel (het)	sõnum	[sɜnum]
rubriek (de)	rubriik	[rubɾi.k]
artikel (het)	artikkel	[artikkelʲ]
pagina (de)	lehekülg	[lehekʉlʲg]
reportage (de)	reportaaž	[reporta:ʒ]
gebeurtenis (de)	sündmus	[sʉndmus]
sensatie (de)	sensatsioon	[sensatsio:n]
schandaal (het)	skandaal	[skanda:lʲ]
schandalig (bn)	skandaalne	[skanda:lʲne]
groot (~ schandaal, enz.)	kõmuline	[kɜmuline]
programma (het)	saade	[sa:de]
interview (het)	intervjuu	[intervju:]

| live uitzending (de) | otseülekanne | [otseülekanne] |
| kanaal (het) | kanal | [kanalʲ] |

102. Landbouw

landbouw (de)	põllumajandus	[pɜlʲumajandus]
boer (de)	talumees	[talume:s]
boerin (de)	talunaine	[talunaine]
landbouwer (de)	talunik	[talunik]

| tractor (de) | traktor | [traktor] |
| maaidorser (de) | kombain | [kombain] |

ploeg (de)	sahk	[sahk]
ploegen (ww)	kündma	[kɐndma]
akkerland (het)	künnimaa	[kɐnnima:]
voor (de)	vagu	[ʋagu]

zaaien (ww)	külvama	[kɐlʲʋama]
zaaimachine (de)	külvik	[kɐlʲʋik]
zaaien (het)	külv	[kɐlʲʋ]

| zeis (de) | vikat | [ʋikat] |
| maaien (ww) | niitma | [ni:tma] |

| schop (de) | labidas | [labidas] |
| spitten (ww) | kaevama | [kaeʋama] |

schoffel (de)	kõbla	[kɜbla]
wieden (ww)	rohima	[rohima]
onkruid (het)	umbrohi	[umbrohi]

gieter (de)	kastekann	[kasʲtekann]
begieten (water geven)	kastma	[kasʲtma]
bewatering (de)	kastmine	[kasʲtmine]

| riek, hooivork (de) | vigla | [ʋigla] |
| hark (de) | reha | [reha] |

meststof (de)	väetis	[ʋæætis]
bemesten (ww)	väetama	[ʋæætama]
mest (de)	sõnnik	[sɜnnik]

veld (het)	põld	[pɜlʲt]
wei (de)	luht	[luht]
moestuin (de)	aiamaa	[aiama:]
boomgaard (de)	aed	[aet]

weiden (ww)	karjatama	[karjatama]
herder (de)	karjus	[karjus]
weiland (de)	karjamaa	[karjama:]

| veehouderij (de) | loomakasvatus | [lo:makasʋatus] |
| schapenteelt (de) | lambakasvatus | [lambakasʋatus] |

plantage (de)	istandus	[is'tandus]
rijtje (het)	peenar	[pe:nar]
broeikas (de)	kasvuhoone	[kasʋuho:ne]

| droogte (de) | põud | [pɔut] |
| droog (bn) | põuane | [pɔuane] |

graan (het)	teravili	[teraʋili]
graangewassen (mv.)	viljad	[ʋiljat]
oogsten (ww)	koristama	[koris'tama]

molenaar (de)	mölder	[møl'der]
molen (de)	veski	[ʋeski]
malen (graan ~)	vilja jahvatama	[ʋilja jahʋatama]
bloem (bijv. tarwebloem)	jahu	[jahu]
stro (het)	õled	[ɜlet]

103. Gebouw. Bouwproces

bouwplaats (de)	ehitus	[ehitus]
bouwen (ww)	ehitama	[ehitama]
bouwvakker (de)	ehitaja	[ehitaja]

project (het)	projekt	[projekt]
architect (de)	arhitekt	[arhitekt]
arbeider (de)	tööline	[tø:line]

fundering (de)	vundament	[ʋundament]
dak (het)	katus	[katus]
heipaal (de)	vai	[ʋai]
muur (de)	sein	[sejn]

| betonstaal (het) | armatuur | [armatu:r] |
| steigers (mv.) | tellingud | [tel'ingut] |

beton (het)	betoon	[beto:n]
graniet (het)	graniit	[grani:t]
steen (de)	kivi	[kiʋi]
baksteen (de)	telliskivi	[tel'iskiʋi]

zand (het)	liiv	[li:ʋ]
cement (de/het)	tsement	[tsemer̩t]
pleister (het)	krohv	[krohʋ]
pleisteren (ww)	krohvima	[krohʋima]

verf (de)	värv	[ʋærʋ]
verven (muur ~)	värvima	[ʋærʋima]
ton (de)	tünn	[tʉnn]

kraan (de)	kraana	[kra:na]
heffen, hijsen (ww)	tõstma	[tɜs'tma]
neerlaten (ww)	alla laskma	[al'æ laskma]
bulldozer (de)	buldooser	[bul'do:ser]
graafmachine (de)	ekskavaator	[ekskaʋa:tor]

graafbak (de)	**kopp**	[kopp]
graven (tunnel, enz.)	**kaevama**	[kaeʋama]
helm (de)	**kiiver**	[kiːʋer]

Beroepen en ambachten

104. Zoeken naar werk. Ontslag

baan (de)	töö	[tø:]
personeel (het)	koosseis	[ko:ssejs]

carrière (de)	karjäär	[karjæ:r]
vooruitzichten (mv.)	perspektiiv	[perspekti:ʊ]
meesterschap (het)	meisterlikkus	[mejsˈterlikkus]

keuze (de)	valik	[ʊalik]
uitzendbureau (het)	kaadriagentuur	[ka:driagentu:r]
CV, curriculum vitae (het)	elulookirjeldus	[elulo:kirjelˈdus]
sollicitatiegesprek (het)	tööintervjuu	[tø:interʊju:]
vacature (de)	vakants	[ʊakants]

salaris (het)	töötasu	[tø:tasu]
vaste salaris (het)	palk	[palʲk]
loon (het)	maksmine	[maksmine]

betrekking (de)	töökoht	[tø:koht]
taak, plicht (de)	kohustus	[kohusˈtus]
takenpakket (het)	kohustuste ring	[kohusˈtusˈte ring]
bezig (~ zijn)	hõivatud	[hɜiʊatut]

ontslagen (ww)	vallandama	[ʊalʲændama]
ontslag (het)	vallandamine	[ʊalʲændamine]

werkloosheid (de)	tööpuudus	[tø:pu:dus]
werkloze (de)	töötu	[tø:tu]
pensioen (het)	pension	[pension]
met pensioen gaan	pensionile minema	[pensionile minema]

105. Zakenmensen

directeur (de)	direktor	[direktor]
beheerder (de)	juhataja	[juhataja]
hoofd (het)	juhataja	[juhataja]

baas (de)	ülemus	[ʉlemus]
superieuren (mv.)	juhtkond	[juhtkont]
president (de)	president	[president]
voorzitter (de)	esimees	[esime:s]

adjunct (de)	asetäitja	[asetæjtja]
assistent (de)	abi	[abi]
secretaris (de)	sekretär	[sekretær]

persoonlijke assistent (de)	isiklik sekretär	[isiklik sekretær]
zakenman (de)	ärimees	[ærime:s]
ondernemer (de)	ettevõtja	[etteʋɜtja]
oprichter (de)	rajaja	[rajaja]
oprichten	rajama	[rajama]
(een nieuw bedrijf ~)		

stichter (de)	asutaja	[asutaja]
partner (de)	partner	[partner]
aandeelhouder (de)	aktsionär	[aktsionær]

miljonair (de)	miljonär	[miljonær]
miljardair (de)	miljardär	[miljardær]
eigenaar (de)	omanik	[omanik]
landeigenaar (de)	maavaldaja	[ma:ʋalʲdaja]

klant (de)	klient	[klient]
vaste klant (de)	püsiklient	[pɵsiklient]
koper (de)	ostja	[osʲtja]
bezoeker (de)	külastaja	[kɵlasʲtaja]

professioneel (de)	professionaal	[professiona:lʲ]
expert (de)	ekspert	[ekspert]
specialist (de)	spetsialist	[spetsialisʲt]

bankier (de)	pankur	[pankur]
makelaar (de)	vahendaja	[ʋahendaja]

kassier (de)	kassiir	[kassi:r]
boekhouder (de)	raamatupidaja	[ra:matupidaja]
bewaker (de)	turvamees	[turʋame:s]

investeerder (de)	investeerija	[inʋesʲte:rija]
schuldenaar (de)	võlgnik	[ʋɜlʲgnik]
crediteur (de)	võlausaldaja	[ʋɜlausalʲdaja]
lener (de)	laenaja	[laenaja]

importeur (de)	sissevedaja	[sisseʋedaja]
exporteur (de)	eksportöör	[eksportø:r]

producent (de)	tootja	[to:tja]
distributeur (de)	maaletooja	[ma:leto:ja]
bemiddelaar (de)	vahendaja	[ʋahendaja]

adviseur, consulent (de)	konsultant	[konsulʲtant]
vertegenwoordiger (de)	esindaja	[esindaja]
agent (de)	agent	[agent]
verzekeringsagent (de)	kindlustusagent	[kintlusʲtusagent]

106. Dienstverlenende beroepen

kok (de)	kokk	[kokk]
chef-kok (de)	peakokk	[peakokk]
bakker (de)	pagar	[pagar]

barman (de)	baarimees	[ba:rime:s]
kelner, ober (de)	kelner	[kelʲner]
serveerster (de)	ettekandja	[ettekandja]

advocaat (de)	advokaat	[aduoka:t]
jurist (de)	jurist	[jurisʲt]
notaris (de)	notar	[notar]

elektricien (de)	elektrik	[elektrik]
loodgieter (de)	torulukksepp	[torulukksepp]
timmerman (de)	puussepp	[pu:ssepp]

masseur (de)	massöör	[massø:r]
masseuse (de)	massöör	[massø:r]
dokter, arts (de)	arst	[arsʲt]

taxichauffeur (de)	taksojuht	[taksojuht]
chauffeur (de)	autojuht	[autojuht]
koerier (de)	käskjalg	[kæskjalʲg]

kamermeisje (het)	toatüdruk	[toatʉdruk]
bewaker (de)	turvamees	[turʋame:s]
stewardess (de)	stjuardess	[sʲtjuardess]

meester (de)	õpetaja	[ɜpetaja]
bibliothecaris (de)	raamatukoguhoidja	[ra:matukoguhojdja]
vertaler (de)	tõlk	[tɜlʲk]
tolk (de)	tõlk	[tɜlʲk]
gids (de)	giid	[gi:t]

kapper (de)	juuksur	[ju:ksur]
postbode (de)	postiljon	[posʲtiljon]
verkoper (de)	müüja	[mʉ:ja]

tuinman (de)	aednik	[aednik]
huisbediende (de)	teener	[te:ner]
dienstmeisje (het)	teenija	[te:nija]
schoonmaakster (de)	koristaja	[korisʲtaja]

107. Militaire beroepen en rangen

soldaat (rang)	reamees	[roɑmo:ɔ]
sergeant (de)	seersant	[se:rsant]
luitenant (de)	leitnant	[lejtnant]
kapitein (de)	kapten	[kapten]

majoor (de)	major	[major]
kolonel (de)	kolonel	[kolonelʲ]
generaal (de)	kindral	[kindralʲ]
maarschalk (de)	marssal	[marssalʲ]
admiraal (de)	admiral	[admiralʲ]

| militair (de) | sõjaväelane | [sɜjauæælane] |
| soldaat (de) | sõdur | [sɜdur] |

officier (de)	ohvitser	[ohʋitser]
commandant (de)	komandör	[komandør]
grenswachter (de)	piirivalvur	[pi:riʋalʲuur]
marconist (de)	radist	[radisʲt]
verkenner (de)	luuraja	[lu:raja]
sappeur (de)	sapöör	[sapø:r]
schutter (de)	laskur	[laskur]
stuurman (de)	tüürimees	[tʉ:rime:s]

108. Ambtenaren. Priesters

koning (de)	kuningas	[kuningas]
koningin (de)	kuninganna	[kuninganna]
prins (de)	prints	[prints]
prinses (de)	printsess	[printsess]
tsaar (de)	tsaar	[tsa:r]
tsarina (de)	tsaarinna	[tsa:rinna]
president (de)	president	[president]
minister (de)	minister	[minisʲter]
eerste minister (de)	peaminister	[peaminisʲter]
senator (de)	senaator	[sena:tor]
diplomaat (de)	diplomaat	[diploma:t]
consul (de)	konsul	[konsulʲ]
ambassadeur (de)	suursaadik	[su:rsa:dik]
adviseur (de)	nõunik	[nɜunik]
ambtenaar (de)	ametnik	[ametnik]
prefect (de)	prefekt	[prefekt]
burgemeester (de)	linnapea	[linnapea]
rechter (de)	kohtunik	[kohtunik]
aanklager (de)	prokurör	[prokurør]
missionaris (de)	misjonär	[misjonær]
monnik (de)	munk	[munk]
abt (de)	abee	[abe:]
rabbi, rabbijn (de)	rabi	[rabi]
vizier (de)	vesiir	[ʋesi:r]
sjah (de)	šahh	[ʃahh]
sjeik (de)	šeih	[ʃejh]

109. Agrarische beroepen

imker (de)	mesinik	[mesinik]
herder (de)	karjus	[karjus]
landbouwkundige (de)	agronoom	[agrono:m]

| veehouder (de) | loomakasvataja | [lo:makasʋataja] |
| dierenarts (de) | loomaarst | [lo:ma:rsʲt] |

landbouwer (de)	talunik	[talunik]
wijnmaker (de)	veinimeister	[ʋejnimejsʲter]
zoöloog (de)	zooloog	[zo:lo:g]
cowboy (de)	kauboi	[kauboj]

110. Kunst beroepen

| acteur (de) | näitleja | [næjtleja] |
| actrice (de) | näitlejanna | [nnaitlejanna] |

| zanger (de) | laulja | [laulja] |
| zangeres (de) | lauljanna | [lauljanna] |

| danser (de) | tantsija | [tantsija] |
| danseres (de) | tantsijanna | [tantsijanna] |

| artiest (mann.) | näitleja | [næjtleja] |
| artiest (vrouw.) | näitlejanna | [nnaitlejanna] |

muzikant (de)	muusik	[mu:sik]
pianist (de)	pianist	[pianisʲt]
gitarist (de)	kitarrist	[kitarrisʲt]

orkestdirigent (de)	dirigent	[dirigent]
componist (de)	helilooja	[helilo:ja]
impresario (de)	impressaario	[impressa:rio]

filmregisseur (de)	lavastaja	[laʋasʲtaja]
filmproducent (de)	produtsent	[produtsent]
scenarioschrijver (de)	stsenarist	[sʲtsenarisʲt]
criticus (de)	kriitik	[kri:tik]

schrijver (de)	kirjanik	[kirjanik]
dichter (de)	luuletaja	[lu:letaja]
beeldhouwer (de)	skulptor	[skulʲptor]
kunstenaar (de)	kunstnik	[kunsʲtnik]

jongleur (de)	žonglöör	[ʒonglø:r]
clown (de)	kloun	[kloun]
acrobaat (de)	akrobaat	[akroba:t]
goochelaar (de)	mustkunstnik	[musʲtkunsʲtnik]

111. Verschillende beroepen

dokter, arts (de)	arst	[arsʲt]
ziekenzuster (de)	medõde	[medᴈde]
psychiater (de)	psühhiaater	[psᵿhhia:ter]
tandarts (de)	stomatoloog	[sʲtomatolo:g]
chirurg (de)	kirurg	[kirurg]

astronaut (de)	astronaut	[as¹tronaut]
astronoom (de)	astronoom	[as¹trono:m]
piloot (de)	lendur, piloot	[lendur], [pilo:t]

chauffeur (de)	autojuht	[autojuht]
machinist (de)	vedurijuht	[ʋedurijuht]
mecanicien (de)	mehaanik	[meha:nik]

mijnwerker (de)	kaevur	[kaeʋur]
arbeider (de)	tööline	[tø:line]
bankwerker (de)	lukksepp	[lukksepp]
houtbewerker (de)	tisler	[tisler]
draaier (de)	treial	[trejalʲ]
bouwvakker (de)	ehitaja	[ehitaja]
lasser (de)	keevitaja	[ke:ʋitaja]

professor (de)	professor	[professor]
architect (de)	arhitekt	[arhitekt]
historicus (de)	ajaloolane	[ajalo:lane]
wetenschapper (de)	teadlane	[teatlane]
fysicus (de)	füüsik	[fʉ:sik]
scheikundige (de)	keemik	[ke:mik]

archeoloog (de)	arheoloog	[arheolo:g]
geoloog (de)	geoloog	[geolo:g]
onderzoeker (de)	uurija	[u:rija]

babysitter (de)	lapsehoidja	[lapsehojdja]
leraar, pedagoog (de)	pedagoog	[pedago:g]

redacteur (de)	toimetaja	[tojmetaja]
chef-redacteur (de)	peatoimetaja	[peatojmetaja]
correspondent (de)	korrespondent	[korrespondent]
typiste (de)	masinakirjutaja	[masinakirjutaja]

designer (de)	disainer	[disainer]
computerexpert (de)	arvutispetsialist	[arʋutispetsialis¹t]
programmeur (de)	programmeerija	[programme:rija]
ingenieur (de)	insener	[insener]

matroos (de)	meremees	[mereme:s]
zeeman (de)	madrus	[madrus]
redder (de)	päästja	[pæ:s¹tja]

brandweerman (de)	tuletõrjuja	[tuletɜrjuja]
politieagent (de)	politseinik	[politsejnik]
nachtwaker (de)	valvur	[ʋalʲʋur]
detective (de)	detektiiv	[detekti:ʋ]

douanier (de)	tolliametnik	[tolʲiametnik]
lijfwacht (de)	ihukaitsja	[ihukaitsja]
gevangenisbewaker (de)	järelvaataja	[jærelʲʋa:taja]
inspecteur (de)	inspektor	[inspektor]

sportman (de)	sportlane	[sportlane]
trainer (de)	treener	[tre:ner]

slager, beenhouwer (de)	lihunik	[lihunik]
schoenlapper (de)	kingsepp	[kingsepp]
handelaar (de)	kaubareisija	[kaubarejsija]
lader (de)	laadija	[la:dija]

| kledingstilist (de) | moekunstnik | [moekunsⁱtnik] |
| model (het) | modell | [modelʲ] |

112. Beroepen. Sociale status

| scholier (de) | kooliõpilane | [ko:liзpilane] |
| student (de) | üliõpilane | [ɯliзpilane] |

filosoof (de)	filosoof	[filoso:f]
econoom (de)	majandusteadlane	[majandusⁱteatlane]
uitvinder (de)	leiutaja	[lejutaja]

werkloze (de)	töötu	[tø:tu]
gepensioneerde (de)	pensionär	[pensionær]
spion (de)	spioon	[spio:n]

gedetineerde (de)	vang	[ʋang]
staker (de)	streikija	[sⁱtrejkija]
bureaucraat (de)	bürokraat	[bɯrokra:t]
reiziger (de)	rändur	[rændur]

| homoseksueel (de) | homoseksualist | [homoseksualisⁱt] |
| hacker (computerkraker) | häkker | [hækker] |

bandiet (de)	bandiit	[bandi:t]
huurmoordenaar (de)	palgamõrvar	[palʲgamзrʋar]
drugsverslaafde (de)	narkomaan	[narkoma:n]
drugshandelaar (de)	narkokaupmees	[narkokaupme:s]
prostituee (de)	prostituut	[prosⁱtitu:t]
pooier (de)	sutenöör	[sutenø:r]

tovenaar (de)	nõid	[nзit]
tovenares (de)	nõiamoor	[nзiamo:r]
piraat (de)	piraat	[pira:t]
slaaf (de)	ori	[ori]
samoerai (de)	samurai	[samurai]
wilde (de)	metslane	[metslane]

Sport

113. Soorten sporten. Sporters

sportman (de)	sportlane	[sportlane]
soort sport (de/het)	spordiala	[spordiala]
basketbal (het)	korvpall	[korʋpalʲ]
basketbalspeler (de)	korvpallur	[korʋpalʲur]
baseball (het)	pesapall	[pesapalʲ]
baseballspeler (de)	pesapallur	[pesapalʲur]
voetbal (het)	jalgpall	[jalʲgpalʲ]
voetballer (de)	jalgpallur	[jalʲgpalʲur]
doelman (de)	väravavaht	[ʋæraʋaʋaht]
hockey (het)	hoki	[hoki]
hockeyspeler (de)	hokimängija	[hokimæŋgija]
volleybal (het)	võrkpall	[ʋɜrkpalʲ]
volleybalspeler (de)	võrkpallur	[ʋɜrkpalʲur]
boksen (het)	poks	[poks]
bokser (de)	poksija	[poksija]
worstelen (het)	maadlus	[ma:tlus]
worstelaar (de)	maadleja	[ma:tleja]
karate (de)	karate	[karate]
karateka (de)	karatist	[karatisʲt]
judo (de)	judo	[judo]
judoka (de)	džuudomaadleja	[dʒu:doma:tleja]
tennis (het)	tennis	[tennis]
tennisspeler (de)	tennisemängija	[tennisemæŋgija]
zwemmen (het)	ujumine	[ujumine]
zwemmer (de)	ujuja	[ujuja]
schermen (het)	vehklemine	[ʋehklemine]
schermer (de)	vehkleja	[ʋehkleja]
schaak (het)	male	[male]
schaker (de)	maletaja	[maletaja]
alpinisme (het)	alpinism	[alʲpinism]
alpinist (de)	alpinist	[alʲpinisʲt]
hardlopen (het)	jooks	[jo:ks]

renner (de)	jooksja	[jo:ksja]
atletiek (de)	kergejõustik	[kergeʒus'tik]
atleet (de)	atleet	[atle:t]

| paardensport (de) | ratsasport | [ratsasport] |
| ruiter (de) | ratsutaja | [ratsutaja] |

kunstschaatsen (het)	iluuisutamine	[ilu:isutamine]
kunstschaatser (de)	iluuisutaja	[ilu:isutaja]
kunstschaatsster (de)	iluuisutaja	[ilu:isutaja]

gewichtheffen (het)	raskejõustik	[raskejʒus'tik]
gewichtheffer (de)	raskejõustiklane	[raskejʒus'tiklane]
autoraces (mv.)	autovõidusõit	[autouʒidusʒit]
coureur (de)	võidusõitja	[uʒidusʒitja]

| wielersport (de) | jalgrattasport | [jal'grattasport] |
| wielrenner (de) | jalgrattur | [jal'grattur] |

verspringen (het)	kaugushüpe	[kaugushɐpe]
polsstokspringen (het)	teivashüpe	[tejuashɐpe]
verspringer (de)	hüppaja	[hɐppaja]

114. Soorten sporten. Diversen

Amerikaans voetbal (het)	ameerika jalgpall	[ame:rika jal'gpal']
badminton (het)	sulgpall	[sul'gpal']
biatlon (de)	laskesuusatamine	[laskesu:satamine]
biljart (het)	piljard	[piljart]

bobsleeën (het)	bobisõit	[bobisʒit]
bodybuilding (de)	bodybilding	[bodybil'ding]
waterpolo (het)	veepall	[ue:pal']
handbal (de)	väravpall	[uæraupal']
golf (het)	golf	[golf]

roeisport (de)	sõudmine	[sʒudmine]
duiken (het)	allveeujumine	[al'ue:ujumine]
langlaufen (het)	murdmaasuusatamine	[murdma:su:satamine]
tafeltennis (het)	lauatennis	[lauatennis]

zeilen (het)	purjesport	[purjocport]
rally (de)	ralli	[ral'i]
rugby (het)	rägbi	[rægbi]
snowboarden (het)	lumelauasõit	[lumelauasʒit]
boogschieten (het)	vibulaskmine	[uibulaskmine]

115. Fitnessruimte

lange halter (de)	kang	[kang]
halters (mv.)	hantlid	[hantlit]
training machine (de)	trenazöör	[trenazø:r]

hometrainer (de)	velotrenazöör	[ʋelotrenazø:r]
loopband (de)	jooksurada	[jo:ksurada]

rekstok (de)	võimlemiskang	[ʋɜimlemiskang]
brug (de) gelijke leggers	rööbaspuud	[rø:baspu:t]
paardsprong (de)	hobune	[hobune]
mat (de)	matt	[matt]

springtouw (het)	hüppenöör	[hʉppenø:r]
aerobics (de)	aeroobika	[aero:bika]
yoga (de)	jooga	[jo:ga]

116. Sporten. Diversen

Olympische Spelen (mv.)	Olümpiamängud	[olʉmpiamængut]
winnaar (de)	võitja	[ʋɜitja]
overwinnen (ww)	võitma	[ʋɜitma]
winnen (ww)	võitma	[ʋɜitma]

leider (de)	liider	[li:der]
leiden (ww)	liidriks olema	[li:driks olema]

eerste plaats (de)	esimene koht	[esimene koht]
tweede plaats (de)	teine koht	[tejne koht]
derde plaats (de)	kolmas koht	[kolʲmas koht]

medaille (de)	medal	[medalʲ]
trofee (de)	trofee	[trofe:]
beker (de)	karikas	[karikas]
prijs (de)	auhind	[auhint]
hoofdprijs (de)	peaauhind	[pea:uhint]

record (het)	rekord	[rekort]
een record breken	rekordit püstitama	[rekordit pʉsʲtitama]

finale (de)	finaal	[fina:lʲ]
finale (bn)	finaal-	[fina:l-]

kampioen (de)	tšempion	[tʃempion]
kampioenschap (het)	meistrivõistlused	[mejsʲtriʋɜisʲtluset]

stadion (het)	staadion	[sʲta:dion]
tribune (de)	tribüün	[tribʉ:n]
fan, supporter (de)	poolehoidja	[po:lehojdja]
tegenstander (de)	vastane	[ʋasʲtane]

start (de)	start	[sʲtart]
finish (de)	finiš	[finiʃ]

nederlaag (de)	kaotus	[kaotus]
verliezen (ww)	kaotama	[kaotama]

rechter (de)	kohtunik	[kohtunik]
jury (de)	žürii	[ʒʉri:]

stand (~ is 3-1)	seis	[sejs]
gelijkspel (het)	viik	[ʋi:k]
in gelijk spel eindigen	viiki mängima	[ʋi:ki mæŋgima]
punt (het)	punkt	[punkt]
uitslag (de)	tulemus	[tulemus]

periode (de)	periood	[perio:t]
pauze (de)	vaheaeg	[ʋaheaeg]
doping (de)	doping	[doping]
straffen (ww)	karistama	[karis'tama]
diskwalificeren (ww)	diskvalifitseerima	[diskʋalifitse:rima]

toestel (het)	vahend	[ʋahent]
speer (de)	oda	[oda]
kogel (de)	kuul	[ku:lʲ]
bal (de)	kuul	[ku:lʲ]

doel (het)	sihtmärk	[sihtmærk]
schietkaart (de)	märklaud	[mærklaut]
schieten (ww)	tulistama	[tulis'tama]
precies (bijv. precieze schot)	tabamine	[tabamine]

trainer, coach (de)	treener	[tre:ner]
trainen (ww)	treenima	[tre:nima]
zich trainen (ww)	treenima	[tre:nima]
training (de)	trenn	[trenn]

gymnastiekzaal (de)	spordisaal	[spordisa:lʲ]
oefening (de)	harjutus	[harjutus]
opwarming (de)	soojendus	[so:jendus]

Onderwijs

117. School

school (de)	kool	[ko:lʲ]
schooldirecteur (de)	koolidirektor	[ko:lidirektor]
leerling (de)	õpilane	[ɜpilane]
leerlinge (de)	õpilane	[ɜpilane]
scholier (de)	kooliõpilane	[ko:liɜpilane]
scholiere (de)	koolitüdruk	[ko:litʉdruk]
leren (lesgeven)	õpetama	[ɜpetama]
studeren (bijv. een taal ~)	õppima	[ɜppima]
van buiten leren	pähe õppima	[pæhe ɜppima]
leren (bijv. ~ tellen)	õppima	[ɜppima]
in school zijn	koolis käima	[ko:lis kæjma]
(schooljongen zijn)		
naar school gaan	kooli minema	[ko:li minema]
alfabet (het)	tähestik	[tæhesʲtik]
vak (schoolvak)	õppeaine	[ɜppeaine]
klaslokaal (het)	klass	[klass]
les (de)	tund	[tunt]
pauze (de)	vahetund	[ʋahetunt]
bel (de)	kell	[kelʲ]
schooltafel (de)	koolipink	[ko:lipink]
schoolbord (het)	tahvel	[tahʋelʲ]
cijfer (het)	hinne	[hinne]
goed cijfer (het)	hea hinne	[hea hinne]
slecht cijfer (het)	halb hinne	[halʲb hinne]
een cijfer geven	hinnet panema	[hinnet panema]
fout (de)	viga	[ʋiga]
fouten maken	vigu tegema	[ʋigu tegema]
corrigeren (fouten ~)	parandama	[parandama]
spiekbriefje (het)	spikker	[spikker]
huiswerk (het)	kodune ülesanne	[kodune ʉlesanne]
oefening (de)	harjutus	[harjutus]
aanwezig zijn (ww)	kohal olema	[kohalʲ olema]
absent zijn (ww)	puuduma	[pu:duma]
school verzuimen	puuduma koolist	[pu:duma ko:lisʲt]
bestraffen (een stout kind ~)	karistama	[karisʲtama]
bestraffing (de)	karistus	[karisʲtus]

gedrag (het)	käitumine	[kæjtumine]
cijferlijst (de)	päevik	[pæəʋik]
potlood (het)	pliiats	[pli:ats]
gom (de)	kustutuskumm	[kusⁱtutuskumm]
krijt (het)	kriit	[kri:t]
pennendoos (de)	pinal	[pinalʲ]

boekentas (de)	portfell	[portfelʲ]
pen (de)	sulepea	[sulepea]
schrift (de)	vihik	[ʋihik]
leerboek (het)	õpik	[ɜpik]
passer (de)	sirkel	[sirkelʲ]

technisch tekenen (ww)	joonestama	[jo:nesⁱtama]
technische tekening (de)	joonis	[jo:nis]

gedicht (het)	luuletus	[lu:letus]
van buiten (bw)	peas olema	[peas olema]
van buiten leren	pähe õppima	[pæhe ɜppima]

vakantie (de)	koolivaheaeg	[ko:liʋaheaeg]
met vakantie zijn	koolivaheajal olema	[ko:liʋaheajalʲ olema]
vakantie doorbrengen	puhkust veetma	[puhkusⁱt ʋe:tma]

toets (schriftelijke ~)	kontrolltöö	[kontrolʲtø:]
opstel (het)	kirjand	[kirjant]
dictee (het)	etteütlus	[etteʉtlus]
examen (het)	eksam	[eksam]
examen afleggen	eksamit sooritama	[eksamit so:ritama]
experiment (het)	katse	[katse]

118. Hogeschool. Universiteit

academie (de)	akadeemia	[akade:mia]
universiteit (de)	ülikool	[ʉliko:lʲ]
faculteit (de)	teaduskond	[teaduskont]

student (de)	üliõpilane	[ʉliɜpilane]
studente (de)	üliõpilane	[ʉliɜpilane]
leraar (de)	õppejõud	[ɜppejɜut]

collegezaal (de)	auditoorium	[audito:rium]
afgestudeerde (de)	ülikoolilõpetaja	[ʉliko:lilɜpetaja]

diploma (het)	diplom	[diplom]
dissertatie (de)	väitekiri	[ʋæjtekiri]

onderzoek (het)	teaduslik töö	[teaduslik tø:]
laboratorium (het)	labor	[labor]

college (het)	loeng	[loeng]
medestudent (de)	kursusekaaslane	[kursuseka:slane]
studiebeurs (de)	stipendium	[sⁱtipendium]
academische graad (de)	teaduslik kraad	[teaduslik kra:t]

119. Wetenschappen. Disciplines

wiskunde (de)	matemaatika	[matema:tika]
algebra (de)	algebra	[alˈgebra]
meetkunde (de)	geomeetria	[geome:tria]
astronomie (de)	astronoomia	[asˈtrono:mia]
biologie (de)	bioloogia	[biolo:gia]
geografie (de)	geograafia	[geogra:fia]
geologie (de)	geoloogia	[geolo:gia]
geschiedenis (de)	ajalugu	[ajalugu]
geneeskunde (de)	meditsiin	[meditsi:n]
pedagogiek (de)	pedagoogika	[pedago:gika]
rechten (mv.)	õigus	[ɜigus]
fysica, natuurkunde (de)	füüsika	[fʉ:sika]
scheikunde (de)	keemia	[ke:mia]
filosofie (de)	filosoofia	[filoso:fia]
psychologie (de)	psühholoogia	[psʉhholo:gia]

120. Schrift. Spelling

grammatica (de)	grammatika	[grammatika]
vocabulaire (het)	sõnavara	[sɜnaʋara]
fonetiek (de)	foneetika	[fone:tika]
zelfstandig naamwoord (het)	nimisõnad	[nimisɜnat]
bijvoeglijk naamwoord (het)	omadussõnad	[omadussɜnat]
werkwoord (het)	tegusõna	[tegusɜna]
bijwoord (het)	määrsõna	[mæ:rsɜna]
voornaamwoord (het)	asesõna	[asesɜna]
tussenwerpsel (het)	hüüdsõna	[hʉ:dsɜna]
voorzetsel (het)	eessõna	[e:ssɜna]
stam (de)	sõna tüvi	[sɜna tʉʋi]
achtervoegsel (het)	lõpp	[lɜpp]
voorvoegsel (het)	eesliide	[e:sli:de]
lettergreep (de)	silp	[silʲp]
achtervoegsel (het)	järelliide	[jærelʲi:de]
nadruk (de)	rõhk	[rɜhk]
afkappingsteken (het)	apostroof	[aposˈtro:f]
punt (de)	punkt	[punkt]
komma (de/het)	koma	[koma]
puntkomma (de)	semikoolon	[semiko:lon]
dubbelpunt (de)	koolon	[ko:lon]
beletselteken (het)	kolmpunkt	[kolʲmpunkt]
vraagteken (het)	küsimärk	[kʉsimærk]
uitroepteken (het)	hüüumärk	[hʉ:umærk]

aanhalingstekens (mv.)	**jutumärgid**	[jutumærgit]
tussen aanhalingstekens (bw)	**jutumärkides**	[jutumærkides]
haakjes (mv.)	**sulud**	[sulut]
tussen haakjes (bw)	**sulgudes**	[sulʲgudes]

streepje (het)	**sidekriips**	[sidekri:ps]
gedachtestreepje (het)	**mõttekriips**	[mɜttekri:ps]
spatie	**sõnavahe**	[sɜnauahe]
(~ tussen twee woorden)		

letter (de)	**täht**	[tæht]
hoofdletter (de)	**suur algustäht**	[su:r alʲgusʲtæht]

klinker (de)	**täishäälik**	[tæjshæ:lik]
medeklinker (de)	**kaashäälik**	[ka:shæ:lik]

zin (de)	**pakkumine**	[pakkumine]
onderwerp (het)	**alus**	[alus]
gezegde (het)	**öeldis**	[øelʲdis]

regel (in een tekst)	**rida**	[rida]
op een nieuwe regel (bw)	**uuelt realt**	[u:elʲt realʲt]
alinea (de)	**lõik**	[lɜik]

woord (het)	**sõna**	[sɜna]
woordgroep (de)	**sõnaühend**	[sɜnauhent]
uitdrukking (de)	**väljend**	[uæljent]
synoniem (het)	**sünonüüm**	[sɯnonɯ:m]
antoniem (het)	**antonüüm**	[antonɯ:m]

regel (de)	**reegel**	[re:gelʲ]
uitzondering (de)	**erand**	[erant]
correct (bijv. ~e spelling)	**õige**	[ɜige]

vervoeging, conjugatie (de)	**pööramine**	[pø:ramine]
verbuiging, declinatie (de)	**käänamine**	[kæ:namine]
naamval (de)	**kääne**	[kæ:ne]
vraag (de)	**küsimus**	[kɯsimus]
onderstrepen (ww)	**alla kriipsutama**	[alʲæ kri:psutama]
stippellijn (de)	**punktiir**	[punkti:r]

121. Vreemde talen

taal (de)	**keel**	[ke:lʲ]
vreemd (bn)	**võõr-**	[uɜ:r-]
vreemde taal (de)	**võõrkeel**	[uɜ:rke:lʲ]
leren (bijv. van buiten ~)	**uurima**	[u:rima]
studeren (Nederlands ~)	**õppima**	[ɜppima]

lezen (ww)	**lugema**	[lugema]
spreken (ww)	**rääkima**	[ræ:kima]
begrijpen (ww)	**aru saama**	[aru sa:ma]
schrijven (ww)	**kirjutama**	[kirjutama]
snel (bw)	**kiiresti**	[ki:resʲti]

| langzaam (bw) | aeglaselt | [aeglaselʲt] |
| vloeiend (bw) | vabalt | [ʊabalʲt] |

regels (mv.)	reeglid	[re:glit]
grammatica (de)	grammatika	[grammatika]
vocabulaire (het)	sõnavara	[sɜnaʊara]
fonetiek (de)	foneetika	[fone:tika]

leerboek (het)	õpik	[ɜpik]
woordenboek (het)	sõnaraamat	[sɜnara:mat]
leerboek (het) voor zelfstudie	õpik iseõppijaile	[ɜpik iseɜppijaile]
taalgids (de)	vestmik	[ʊesʲtmik]

cassette (de)	kassett	[kassett]
videocassette (de)	videokassett	[ʊideokassett]
CD (de)	CD-plaat	[ʦede pla:t]
DVD (de)	DVD	[dʊt]

alfabet (het)	tähestik	[tæhesʲtik]
spellen (ww)	veerima	[ʊe:rima]
uitspraak (de)	hääldamine	[hæ:lʲdamine]

accent (het)	aktsent	[aktsent]
met een accent (bw)	aktsendiga	[aktsendiga]
zonder accent (bw)	ilma aktsendita	[ilʲma aktsendita]

| woord (het) | sõna | [sɜna] |
| betekenis (de) | mõiste | [mɜisʲte] |

cursus (de)	kursused	[kursuset]
zich inschrijven (ww)	kirja panema	[kirja panema]
leraar (de)	õppejõud	[ɜppejɜut]

vertaling (een ~ maken)	tõlkimine	[tɜlʲkimine]
vertaling (tekst)	tõlge	[tɜlʲge]
vertaler (de)	tõlk	[tɜlʲk]
tolk (de)	tõlk	[tɜlʲk]

| polyglot (de) | polüglott | [polʉglott] |
| geheugen (het) | mälu | [mælu] |

122. Sprookjesfiguren

Sinterklaas (de)	Jõuluvana	[jɜuluʊana]
Assepoester (de)	Tuhkatriinu	[tuhkatri:nu]
zeemeermin (de)	Näkineid	[nækinejt]
Neptunus (de)	Neptunus	[neptunus]

magiër, tovenaar (de)	võlur	[ʊɜlur]
goede heks (de)	võlur	[ʊɜlur]
magisch (bn)	võlu-	[ʊɜlu-]
toverstokje (het)	võlukepike	[ʊɜlukepike]
sprookje (het)	muinasjutt	[mujnasjutt]
wonder (het)	ime	[ime]

dwerg (de)	päkapikk	[pækapikk]
veranderen in ...	... muutuda	[... mu:tuda]
(anders worden)		

geest (de)	kummitus	[kummitus]
spook (het)	viirastus	[ui:rasⁱtus]
monster (het)	koletis	[koletis]
draak (de)	draakon	[dra:kon]
reus (de)	hiiglane	[hi:glane]

123. Dierenriem

Ram (de)	Jäär	[jæ:r]
Stier (de)	Sõnn	[sɜnn]
Tweelingen (mv.)	Kaksikud	[kaksikut]
Kreeft (de)	Vähk	[uæhk]
Leeuw (de)	Lõvi	[lɜui]
Maagd (de)	Neitsi	[nejtsi]

Weegschaal (de)	Kaalud	[ka:lut]
Schorpioen (de)	Skorpion	[skorpion]
Boogschutter (de)	Ambur	[ambur]
Steenbok (de)	Kaljukits	[kaljukits]
Waterman (de)	Veevalaja	[ue:ualaja]
Vissen (mv.)	Kalad	[kalat]

karakter (het)	iseloom	[iselo:m]
karaktertrekken (mv.)	iseloomujooned	[iselo:mujo:net]
gedrag (het)	käitumine	[kæjtumine]
waarzeggen (ww)	ennustama	[ennusⁱtama]
waarzegster (de)	ennustaja	[ennusⁱtaja]
horoscoop (de)	horoskoop	[horosko:p]

Kunst

124. Theater

theater (het)	teater	[teater]
opera (de)	ooper	[o:per]
operette (de)	operett	[operett]
ballet (het)	ballett	[balʲett]

affiche (de/het)	kuulutus	[ku:lutus]
theatergezelschap (het)	trupp	[trupp]
tournee (de)	külalisetendus	[külalisetendus]
op tournee zijn	gastroleerima	[gasʲtrole:rima]
repeteren (ww)	proovi tegema	[pro:ʋi tegema]
repetitie (de)	proov	[pro:ʋ]
repertoire (het)	repertuaar	[repertua:r]

voorstelling (de)	etendus	[etendus]
spektakel (het)	etendus	[etendus]
toneelstuk (het)	näidend	[næjdent]

biljet (het)	pilet	[pilet]
kassa (de)	piletikassa	[piletikassa]
foyer (de)	hall	[halʲ]
garderobe (de)	riietehoid	[ri:etehojt]
garderobe nummer (het)	riidehoiunumber	[ri:dehojunumber]
verrekijker (de)	binokkel	[binokkelʲ]
plaatsaanwijzer (de)	kontrolör	[kontrolør]

parterre (de)	parter	[parter]
balkon (het)	rõdu	[rɜdu]
gouden rang (de)	esindusrõdu	[esindusrɜdu]
loge (de)	loož	[lo:ʒ]
rij (de)	rida	[rida]
plaats (de)	koht	[koht]

publiek (het)	publik	[publik]
kijker (de)	vaataja	[ʋa:taja]
klappen (ww)	aplodeerima	[aplode:rima]
applaus (het)	aplaus	[aplaus]
ovatie (de)	ovatsioon	[oʋatsio:n]

toneel (op het ~ staan)	lava	[laʋa]
gordijn, doek (het)	eesriie	[e:sri:e]
toneeldecor (het)	dekoratsioonid	[dekoratsio:nit]
backstage (de)	kulissid	[kulissit]

scène (de)	stseen	[sʲtse:n]
bedrijf (het)	akt	[akt]
pauze (de)	vaheaeg	[ʋaheaeg]

125. Bioscoop

acteur (de)	näitleja	[næjtleja]
actrice (de)	näitlejanna	[nnaitlejanna]
bioscoop (de)	kino	[kino]
speelfilm (de)	kino	[kino]
aflevering (de)	seeria	[se:ria]
detectivefilm (de)	kriminaalfilm	[krimina:lfiⁱm]
actiefilm (de)	löökfilm	[lø:kfiⁱm]
avonturenfilm (de)	põnevusfilm	[pɜneʋusfiⁱm]
sciencefictionfilm (de)	aimefilm	[aimefiⁱm]
griezelfilm (de)	õudusfilm	[ɜudusfiⁱm]
komedie (de)	komöödiafilm	[komø:diafiⁱm]
melodrama (het)	melodraama	[melodra:ma]
drama (het)	draama	[dra:ma]
speelfilm (de)	mängufilm	[mæŋgufiⁱm]
documentaire (de)	tõsielufilm	[tɜsielufiⁱm]
tekenfilm (de)	animafilm	[animafiⁱm]
stomme film (de)	tummfilm	[tummfiⁱm]
rol (de)	osa	[osa]
hoofdrol (de)	peaosa	[peaosa]
spelen (ww)	mängima	[mæŋgima]
filmster (de)	filmitäht	[fiⁱmitæht]
bekend (bn)	tuntud	[tuntut]
beroemd (bn)	kuulus	[ku:lus]
populair (bn)	populaarne	[popula:rne]
scenario (het)	stsenaarium	[sⁱtsena:rium]
scenarioschrijver (de)	stsenarist	[sⁱtsenarisⁱt]
regisseur (de)	lavastaja	[laʋasⁱtaja]
filmproducent (de)	produtsent	[produtsent]
assistent (de)	assistent	[assisⁱtent]
cameraman (de)	operaator	[opera:tor]
stuntman (de)	kaskadöör	[kaskadø:r]
stuntdubbel (de)	dublant	[dublant]
een film maken	filmi võtma	[fiⁱmi ʋɜtma]
auditie (de)	proovid	[pro:ʋit]
opnamen (mv.)	filmivõtted	[fiⁱmiʋɜttet]
filmploeg (de)	võttegrupp	[ʋɜttegrupp]
filmset (de)	võtteplats	[ʋɜtteplats]
filmcamera (de)	kinokaamera	[kinoka:mera]
bioscoop (de)	kino	[kino]
scherm (het)	ekraan	[ekra:n]
een film vertonen	filmi näitama	[fiⁱmi næjtama]
geluidsspoor (de)	heliriba	[heliriba]
speciale effecten (mv.)	trikid	[trikit]

ondertiteling (de)	subtiitrid	[subti:trit]
voortiteling, aftiteling (de)	tiitrid	[ti:trit]
vertaling (de)	tõlge	[tɜlʲge]

126. Schilderij

kunst (de)	kunst	[kunsʲt]
schone kunsten (mv.)	kaunid kunstid	[kaunit kunsʲtit]
kunstgalerie (de)	galerii	[galeri:]
kunsttentoonstelling (de)	maalinäitus	[ma:linæjtus]

schilderkunst (de)	maalikunst	[ma:likunsʲt]
grafiek (de)	graafika	[gra:fika]
abstracte kunst (de)	abstraktsionism	[absʲtraktsionism]
impressionisme (het)	impressionism	[impressionism]

schilderij (het)	maal	[ma:lʲ]
tekening (de)	joonistus	[jo:nisʲtus]
poster (de)	plakat	[plakat]

illustratie (de)	illustratsioon	[ilʲusʲtratsio:n]
miniatuur (de)	miniatuur	[miniatu:r]
kopie (de)	ärakiri	[ærakiri]
reproductie (de)	repro	[repro]

mozaïek (het)	mosaiik	[mosai:k]
gebrandschilderd glas (het)	vitraaž	[ʋitra:ʒ]
fresco (het)	fresko	[fresko]
gravure (de)	gravüür	[graʋɵ:r]

buste (de)	rinnakuju	[rinnakuju]
beeldhouwwerk (het)	skulptuur	[skulʲptu:r]
beeld (bronzen ~)	raidkuju	[raidkuju]
gips (het)	kips	[kips]
gipsen (bn)	kipsist	[kipsisʲt]

portret (het)	portree	[portre:]
zelfportret (het)	autoportree	[autoportre:]
landschap (het)	maastikumaal	[ma:sʲtikuma:lʲ]
stilleven (het)	natüürmort	[natɵ:rmort]
karikatuur (de)	karikatuur	[karikatu:r]
schets (de)	visand	[ʋisant]

verf (de)	värv	[ʋærʋ]
aquarel (de)	akvarell	[akʋarelʲ]
olieverf (de)	õli	[ɜli]
potlood (het)	pliiats	[pli:ats]
Oostindische inkt (de)	tušš	[tuʃʃ]
houtskool (de)	süsi	[sɵsi]

tekenen (met krijt)	joonistama	[jo:nisʲtama]
poseren (ww)	poseerima	[pose:rima]
naaktmodel (man)	modell	[modelʲ]
naaktmodel (vrouw)	modell	[modelʲ]

kunstenaar (de)	kunstnik	[kuns'tnik]
kunstwerk (het)	teos	[teos]
meesterwerk (het)	meistriteos	[mejs'triteos]
studio, werkruimte (de)	ateljee	[atelje:]

schildersdoek (het)	lõuend	[lɜuent]
schildersezel (de)	molbert	[mol'bert]
palet (het)	palett	[palett]

lijst (een vergulde ~)	raam	[ra:m]
restauratie (de)	ennistamine	[ennis'tamine]
restaureren (ww)	ennistama	[ennis'tama]

127. Literatuur & Poëzie

literatuur (de)	kirjandus	[kirjandus]
auteur (de)	autor	[autor]
pseudoniem (het)	pseudonüüm	[pseudonʉ:m]

boek (het)	raamat	[ra:mat]
boekdeel (het)	köide	[køide]
inhoudsopgave (de)	sisukord	[sisukort]
pagina (de)	lehekülg	[lehekʉl'g]
hoofdpersoon (de)	peategelane	[peategelane]
handtekening (de)	autogramm	[autogramm]

verhaal (het)	jutt	[jutt]
novelle (de)	jutustus	[jutus'tus]
roman (de)	romaan	[roma:n]
werk (literatuur)	teos	[teos]
fabel (de)	valm	[ʋal'm]
detectiveroman (de)	kriminull	[kriminul']

gedicht (het)	luuletus	[lu:letus]
poëzie (de)	luule	[lu:le]
epos (het)	poeem	[poe:m]
dichter (de)	luuletaja	[lu:letaja]

fictie (de)	ilukirjandus	[ilukirjandus]
sciencefiction (de)	aimekirjandus	[aimekirjandus]
avonturenroman (de)	seiklused	[sejkluset]
opvoedkundige literatuur (de)	õppekirjanduc	[ɜppekirjandus]
kinderliteratuur (de)	lastekirjandus	[las'tekirjandus]

128. Circus

circus (de/het)	tsirkus	[tsirkus]
chapiteau circus (de/het)	rändtsirkus	[rændtsirkus]
programma (het)	programm	[programm]
voorstelling (de)	etendus	[etendus]
nummer (circus ~)	number	[number]
arena (de)	areen	[are:n]

| pantomime (de) | pantomiim | [pantomi:m] |
| clown (de) | kloun | [kloun] |

acrobaat (de)	akrobaat	[akroba:t]
acrobatiek (de)	akrobaatika	[akroba:tika]
gymnast (de)	võimleja	[ʋɔimleja]
gymnastiek (de)	võimlemine	[ʋɔimlemine]
salto (de)	salto	[salʲto]

sterke man (de)	atleet	[atle:t]
temmer (de)	taltsutaja	[talʲtsutaja]
ruiter (de)	ratsutaja	[ratsutaja]
assistent (de)	assistent	[assisʲtent]

stunt (de)	trikk	[trikk]
goocheltruc (de)	fookus	[fo:kus]
goochelaar (de)	mustkunstnik	[musʲtkunsʲtnik]

jongleur (de)	žonglöör	[ʒonglø:r]
jongleren (ww)	žongleerima	[ʒongle:rima]
dierentrainer (de)	dresseerija	[dresse:rija]
dressuur (de)	dresseerimine	[dresse:rimine]
dresseren (ww)	dresseerima	[dresse:rima]

129. Muziek. Popmuziek

muziek (de)	muusika	[mu:sika]
muzikant (de)	muusik	[mu:sik]
muziekinstrument (het)	muusikariist	[mu:sikari:sʲt]
spelen (bijv. gitaar ~)	... mängima	[... mæŋgima]

gitaar (de)	kitarr	[kitarr]
viool (de)	viiul	[ʋi:ulʲ]
cello (de)	tšello	[tʃelʲo]
contrabas (de)	kontrabass	[kontrabass]
harp (de)	harf	[harf]

piano (de)	klaver	[klaʋer]
vleugel (de)	tiibklaver	[ti:bklaʋer]
orgel (het)	orel	[orelʲ]

blaasinstrumenten (mv.)	puhkpillid	[puhkpilʲit]
hobo (de)	oboe	[oboe]
saxofoon (de)	saksofon	[saksofon]
klarinet (de)	klarnet	[klarnet]
fluit (de)	flööt	[flø:t]
trompet (de)	trompet	[trompet]

| accordeon (de/het) | akordion | [akordion] |
| trommel (de) | trumm | [trumm] |

duet (het)	duett	[duett]
trio (het)	trio	[trio]
kwartet (het)	kvartett	[kʋartett]

| koor (het) | koor | [ko:r] |
| orkest (het) | orkester | [orkesʲter] |

popmuziek (de)	popmuusika	[popmu:sika]
rockmuziek (de)	rokkmuusika	[rokkmu:sika]
rockgroep (de)	rokkansambel	[rokkansambelʲ]
jazz (de)	džäss	[dʒæss]

| idool (het) | ebajumal | [ebajumalʲ] |
| bewonderaar (de) | austaja | [ausʲtaja] |

concert (het)	kontsert	[kontsert]
symfonie (de)	sümfoonia	[sʉmfo:nia]
compositie (de)	teos	[teos]
componeren (muziek ~)	looma	[lo:ma]

zang (de)	laulmine	[laulʲmine]
lied (het)	laul	[laulʲ]
melodie (de)	viis	[ʋi:s]
ritme (het)	rütm	[rʉtm]
blues (de)	bluus	[blu:s]

bladmuziek (de)	noodid	[no:dit]
dirigeerstok (baton)	kepp	[kepp]
strijkstok (de)	poogen	[po:gen]
snaar (de)	keel	[ke:lʲ]
koffer (de)	vutlar	[ʋutlar]

119

Rusten. Entertainment. Reizen

130. Trip. Reizen

toerisme (het)	turism	[turism]
toerist (de)	turist	[turisʲt]
reis (de)	reis	[rejs]
avontuur (het)	seiklus	[sejklus]
tocht (de)	sõit	[sɔit]
vakantie (de)	puhkus	[puhkus]
met vakantie zijn	puhkusel olema	[puhkuselʲ olema]
rust (de)	puhkus	[puhkus]
trein (de)	rong	[rong]
met de trein	rongiga	[rongiga]
vliegtuig (het)	lennuk	[lennuk]
met het vliegtuig	lennukiga	[lennukiga]
met de auto	autoga	[autoga]
per schip (bw)	laevaga	[laeʋaga]
bagage (de)	pagas	[pagas]
valies (de)	kohver	[kohʋer]
bagagekarretje (het)	pagasikäru	[pagasikæru]
paspoort (het)	pass	[pass]
visum (het)	viisa	[ʋiːsa]
kaartje (het)	pilet	[pilet]
vliegticket (het)	lennukipilet	[lennukipilet]
reisgids (de)	teejuht	[teːjuht]
kaart (de)	kaart	[kaːrt]
gebied (landelijk ~)	ala	[ala]
plaats (de)	koht	[koht]
exotische bestemming (de)	eksootika	[eksoːtika]
exotisch (bn)	eksootiline	[eksoːtiline]
verwonderlijk (bn)	üllatav	[ʉlʲætaʋ]
groep (de)	grupp	[grupp]
rondleiding (de)	ekskursioon	[ekskursioːn]
gids (de)	ekskursioonijuht	[ekskursioːnijuht]

131. Hotel

hotel (het)	võõrastemaja	[ʋɤːrasʲtemaja]
motel (het)	motell	[motelʲ]
3-sterren	kolm tärni	[kolʲm tærni]

| 5-sterren | viis tärni | [ʋi:s tærni] |
| overnachten (ww) | peatuma | [peatuma] |

kamer (de)	number	[number]
eenpersoonskamer (de)	üheinimesetuba	[ʉhejnimesetuba]
tweepersoonskamer (de)	kaheinimesetuba	[kahejnimesetuba]
een kamer reserveren	tuba kinni panema	[tuba kinni panema]

halfpension (het)	poolpansion	[po:lʲpansion]
volpension (het)	täispansion	[tæjspansion]
met badkamer	vannitoaga	[ʋannitoaga]
met douche	dušiga	[duʃiga]
satelliet-tv (de)	satelliittelevisioon	[satelʲi:tteleʋisio:n]
airconditioner (de)	konditsioneer	[konditsione:r]
handdoek (de)	käterätik	[kæterætik]
sleutel (de)	võti	[ʋɜti]

administrateur (de)	administraator	[adminisʲtra:tor]
kamermeisje (het)	toatüdruk	[toatʉdruk]
piccolo (de)	pakikandja	[pakikandja]
portier (de)	uksehoidja	[uksehojdja]

restaurant (het)	restoran	[resʲtoran]
bar (de)	baar	[ba:r]
ontbijt (het)	hommikusöök	[hommikusø:k]
avondeten (het)	õhtusöök	[ɜhtusø:k]
buffet (het)	rootsi laud	[ro:tsi laut]

| hal (de) | vestibüül | [ʋesʲtibʉ:lʲ] |
| lift (de) | lift | [lift] |

| NIET STOREN | MITTE SEGADA | [mitte segada] |
| VERBODEN TE ROKEN! | MITTE SUITSETADA! | [mitte suitsetada!] |

132. Boeken. Lezen

boek (het)	raamat	[ra:mat]
auteur (de)	autor	[autor]
schrijver (de)	kirjanik	[kirjanik]
schrijven (een boek)	kirjutama	[kirjutama]

lezer (de)	lugeja	[lugojɑ]
lezen (ww)	lugema	[lugema]
lezen (het)	lugemine	[lugemine]

| stil (~ lezen) | omaette | [omaette] |
| hardop (~ lezen) | valjusti | [ʋaljusʲti] |

uitgeven (boek ~)	välja andma	[ʋælja andma]
uitgeven (het)	trükk	[trʉkk]
uitgever (de)	kirjastaja	[kirjasʲtaja]
uitgeverij (de)	kirjastus	[kirjasʲtus]
verschijnen (bijv. boek)	ilmuma	[ilʲmuma]
verschijnen (het)	ilmumine	[ilʲmumine]

oplage (de)	tiraaž	[tira:ʒ]
boekhandel (de)	raamatukauplus	[ra:matukauplus]
bibliotheek (de)	raamatukogu	[ra:matukogu]

novelle (de)	jutustus	[jutusʲtus]
verhaal (het)	jutt	[jutt]
roman (de)	romaan	[roma:n]
detectiveroman (de)	kriminull	[kriminulʲ]

memoires (mv.)	memuaarid	[memua:rit]
legende (de)	legend	[legent]
mythe (de)	müüt	[mʉ:t]

gedichten (mv.)	luuletused	[lu:letuset]
autobiografie (de)	elulugu	[elulugu]
bloemlezing (de)	valitud teosed	[ʋalitut teoset]
sciencefiction (de)	aimekirjandus	[aimekirjandus]
naam (de)	nimetus	[nimetus]
inleiding (de)	sissejuhatus	[sissejuhatus]
voorblad (het)	tiitelleht	[ti:telʲeht]

hoofdstuk (het)	peatükk	[peatʉkk]
fragment (het)	katkend	[katkent]
episode (de)	episood	[episo:t]

intrige (de)	süžee	[sʉʒe:]
inhoud (de)	sisu	[sisu]
inhoudsopgave (de)	sisukord	[sisukort]
hoofdpersonage (het)	peategelane	[peategelane]

boekdeel (het)	köide	[køide]
omslag (de/het)	kaas	[ka:s]
boekband (de)	köide	[køide]
bladwijzer (de)	järjehoidja	[jærjehojdja]

pagina (de)	lehekülg	[lehekʉlʲg]
bladeren (ww)	lehitsema	[lehitsema]
marges (mv.)	ääred	[æ:ret]
annotatie (de)	märge	[mærge]
opmerking (de)	märkus	[mærkus]

tekst (de)	tekst	[teksʲt]
lettertype (het)	kiri	[kiri]
drukfout (de)	trükiviga	[trʉkiʋiga]

vertaling (de)	tõlge	[tɜlʲge]
vertalen (ww)	tõlkima	[tɜlʲkima]
origineel (het)	originaal	[origina:lʲ]

beroemd (bn)	kuulus	[ku:lus]
onbekend (bn)	tundmatu	[tundmatu]
interessant (bn)	huvitav	[huʋitaʋ]
bestseller (de)	menuraamat	[menura:mat]
woordenboek (het)	sõnaraamat	[sɜnara:mat]
leerboek (het)	õpik	[ɜpik]
encyclopedie (de)	entsüklopeedia	[entsʉklope:dia]

133. Jacht. Vissen

jacht (de)	küttimine	[kʉttimine]
jagen (ww)	jahil käima	[jahilʲ kæjma]
jager (de)	jahimees	[jahime:s]

schieten (ww)	tulistama	[tulisʲtama]
geweer (het)	püss	[pʉss]
patroon (de)	padrun	[padrun]
hagel (de)	haavlid	[ha:ʊlit]

val (de)	püünis	[pʉ:nis]
valstrik (de)	lõks	[lɔks]
in de val trappen	lõksu langema	[lɔksu langema]
een val zetten	püüniseid üles panema	[pʉ:nisejt ʉles panema]

stroper (de)	salakütt	[salakʉtt]
wild (het)	metslinnud	[metslinnut]
jachthond (de)	jahikoer	[jahikoer]
safari (de)	safari	[safari]
opgezet dier (het)	topis	[topis]

visser (de)	kalamees	[kalame:s]
visvangst (de)	kalapüük	[kalapʉ:k]
vissen (ww)	kala püüdma	[kala pʉ:dma]

hengel (de)	õng	[ɔng]
vislijn (de)	õngenöör	[ɔngenø:r]
haak (de)	õngekonks	[ɔngekonks]
dobber (de)	õngekork	[ɔngekork]
aas (het)	sööt	[sø:t]

de hengel uitwerpen	õnge vette viskama	[ɔnge ʊette ʊiskama]
bijten (ov. de vissen)	näkkima	[nækkima]
vangst (de)	kalasaak	[kalasa:k]
wak (het)	jääauk	[jæ::uk]

net (het)	võrk	[ʊɔrk]
boot (de)	paat	[pa:t]
vissen met netten	võrguga püüdma	[ʊɔrguga pʉ:dma]
het net uitwerpen	võrku vette heitma	[ʊɔrku ʊette hejtma]
het net binnenhalen	võrku välja tõmbama	[ʊɔrku ʊælja tɔmbama]
in het net vallen	võrku langema	[ʊɔrku langema]

walvisvangst (de)	vaalapüük	[ʊa:lapʉ:k]
walvisvaarder (de)	vaalapüügilaev	[ʊa:lapʉ:gilaeʊ]
harpoen (de)	harpuun	[harpu:n]

134. Spellen. Biljart

biljart (het)	piljard	[piljart]
biljartzaal (de)	piljardiruum	[piljardiru:m]
biljartbal (de)	piljardikuul	[piljardiku:lʲ]

een bal in het gat jagen	kuuli ajama	[ku:li ajama]
keu (de)	kii	[ki:]
gat (het)	piljardiauk	[piljardiauk]

135. Spellen. Speelkaarten

ruiten (mv.)	ruutu	[ru:tu]
schoppen (mv.)	poti	[poti]
klaveren (mv.)	ärtu	[ærtu]
harten (mv.)	risti	[risⁱti]

aas (de)	äss	[æss]
koning (de)	kuningas	[kuningas]
dame (de)	daam	[da:m]
boer (de)	soldat	[solⁱdat]

speelkaart (de)	kaart	[ka:rt]
kaarten (mv.)	kaardid	[ka:rdit]
troef (de)	trump	[trump]
pak (het) kaarten	kaardipakk	[ka:rdipakk]

punt (bijv. vijftig ~en)	punkt, silm	[punkt], [silⁱm]
uitdelen (kaarten ~)	kaarte välja jagama	[ka:rte uælja jagama]
schudden (de kaarten ~)	kaarte segama	[ka:rte segama]
beurt (de)	käik	[kæjk]
valsspeler (de)	suli	[suli]

136. Rusten. Spellen. Diversen

wandelen (on.ww.)	jalutama	[jalutama]
wandeling (de)	jalutuskäik	[jalutuskæjk]
trip (per auto)	lõbusõit	[lɔbusɜit]
avontuur (het)	seiklus	[sejklus]
picknick (de)	piknik	[piknik]

spel (het)	mäng	[mæng]
speler (de)	mängija	[mængija]
partij (de)	partii	[parti:]

collectioneur (de)	kollektsionäär	[kolⁱektsionæ:r]
collectioneren (ww)	koguma	[koguma]
collectie (de)	kollektsioon	[kolⁱektsio:n]

kruiswoordraadsel (het)	ristsõna	[risⁱtsɜna]
hippodroom (de)	hipodroom	[hipodro:m]
discotheek (de)	disko	[disko]

| sauna (de) | saun | [saun] |
| loterij (de) | loterii | [loteri:] |

| trektocht (kampeertocht) | matk | [matk] |
| kamp (het) | laager | [la:ger] |

tent (de)	telk	[telʲk]
kompas (het)	kompass	[kompass]
rugzaktoerist (de)	matkaja	[matkaja]

bekijken (een film ~)	vaatama	[ʋa:tama]
kijker (televisie~)	televaataja	[teleʋa:taja]
televisie-uitzending (de)	telesaade	[telesa:de]

137. Fotografie

| fotocamera (de) | fotoaparaat | [fotoapara:t] |
| foto (de) | foto | [foto] |

fotograaf (de)	fotograaf	[fotogra:f]
fotostudio (de)	fotostuudio	[fotosʲtu:dio]
fotoalbum (het)	fotoalbum	[fotoalʲbum]

lens (de), objectief (het)	objektiiv	[objekti:ʋ]
telelens (de)	teleobjektiiv	[teleobjekti:ʋ]
filter (de/het)	filter	[filʲter]
lens (de)	lääts	[lʲæ:ts]

optiek (de)	optika	[optika]
diafragma (het)	diafragma	[diafragma]
belichtingstijd (de)	säriaeg	[særiaeg]
zoeker (de)	näidik	[næjdik]

digitale camera (de)	videokaamera	[ʋideoka:mera]
statief (het)	statiiv	[sʲtati:ʋ]
flits (de)	välkvalgus	[ʋælʲkʋalʲgus]
fotograferen (ww)	pildistama	[pilʲdisʲtama]
kieken (foto's maken)	üles võtma	[ʉles ʋɜtma]
zich laten fotograferen	pildistama	[pilʲdisʲtama]

focus (de)	teravus	[teraʋus]
scherpstellen (ww)	teravust reguleerima	[teraʋusʲt regule:rima]
scherp (bn)	terav	[teraʋ]
scherpte (de)	teravus	[teraʋus]

| contrast (het) | kontrast | [kontrasʲt] |
| contrastrijk (bn) | kontrastne | [kontrasʲtne] |

kiekje (het)	foto	[foto]
negatief (het)	negatiiv	[negati:ʋ]
filmpje (het)	filmilint	[filʲmilint]
beeld (frame)	kaader	[ka:der]
afdrukken (foto's ~)	trükkima	[trʉkkima]

138. Strand. Zwemmen

| strand (het) | supelrand | [supelʲrant] |
| zand (het) | liiv | [li:ʋ] |

leeg (~ strand)	inimtühi	[inimtʉhi]
bruine kleur (de)	päevitus	[pæəʋitus]
zonnebaden (ww)	päevitama	[pæəʋitama]
gebruind (bn)	päevitunud	[pæəʋitunut]
zonnecrème (de)	päevituskreem	[pæəʋituskre:m]
bikini (de)	bikiinid	[biki:nit]
badpak (het)	trikoo	[triko:]
zwembroek (de)	supelpüksid	[supelʲpʉksit]
zwembad (het)	bassein	[bassejn]
zwemmen (ww)	ujuma	[ujuma]
douche (de)	dušš	[duʃʃ]
zich omkleden (ww)	ümber riietuma	[ʉmber ri:etuma]
handdoek (de)	käterätik	[kæterætik]
boot (de)	paat	[pa:t]
motorboot (de)	kaater	[ka:ter]
waterski's (mv.)	veesuusad	[ʋe:su:sat]
waterfiets (de)	vesivelo	[ʋesiʋelo]
surfen (het)	purjelaud	[purjelaut]
surfer (de)	purjelaudur	[purjelaudur]
scuba, aqualong (de)	akvalang	[akʋalang]
zwemvliezen (mv.)	lestad	[lesʲtat]
duikmasker (het)	mask	[mask]
duiker (de)	sukelduja	[sukelʲduja]
duiken (ww)	sukelduma	[sukelʲduma]
onder water (bw)	vee all	[ʋe: alʲ]
parasol (de)	päevavari	[pæəʋaʋari]
ligstoel (de)	lamamistool	[lamamisʲto:lʲ]
zonnebril (de)	päikeseprillid	[pæjkeseprilʲit]
luchtmatras (de/het)	ujumismadrats	[ujumismadrats]
spelen (ww)	mängima	[mængima]
gaan zwemmen (ww)	suplema	[suplema]
bal (de)	pall	[palʲ]
opblazen (oppompen)	täis puhuma	[tæjs puhuma]
lucht-, opblaasbare (bn)	täispuhutav	[tæjspuhutaʋ]
golf (hoge ~)	laine	[laine]
boei (de)	poi	[poj]
verdrinken (ww)	uppuma	[uppuma]
redden (ww)	päästma	[pæ:sʲtma]
reddingsvest (de)	päästevest	[pæ:sʲteʋesʲt]
waarnemen (ww)	jälgima	[jælʲgima]
redder (de)	päästja	[pæ:sʲtja]

TECHNISCHE APPARATUUR. VERVOER

Technische apparatuur

139. Computer

computer (de)	arvuti	[arʋuti]
laptop (de)	sülearvuti	[sᵻlearʋuti]
aanzetten (ww)	sisse lülitama	[sisse lᵻlitama]
uitzetten (ww)	välja lülitama	[ʋælja lᵻlitama]
toetsenbord (het)	klaviatuur	[klaʋiatu:r]
toets (enter~)	klahv	[klahʋ]
muis (de)	hiir	[hi:r]
muismat (de)	hiirevaip	[hi:reʋaip]
knopje (het)	nupp	[nupp]
cursor (de)	kursor	[kursor]
monitor (de)	kuvar	[kuʋar]
scherm (het)	ekraan	[ekra:n]
harde schijf (de)	kõvaketas	[kɜʋaketas]
volume (het)	kõvaketta mälumaht	[kɜʋaketta mælumaht]
van de harde schijf		
geheugen (het)	mälu	[mælu]
RAM-geheugen (het)	operatiivmälu	[operati:ʋmælu]
bestand (het)	fail	[failʲ]
folder (de)	kataloog	[katalo:g]
openen (ww)	avama	[aʋama]
sluiten (ww)	sulgema	[sulʲgema]
opslaan (ww)	salvestama	[salʲʋesʲtama]
verwijderen (wissen)	eemaldama	[e:malʲdama]
kopiëren (ww)	kopeerima	[kope:rima]
sorteren (ww)	sorteerima	[sorte:rima]
overplaatsen (ww)	ümber kirjutama	[ᵻmber kirjutama]
programma (het)	programm	[programm]
software (de)	tarkvara	[tarkʋara]
programmeur (de)	programmeerija	[programme:rija]
programmeren (ww)	programmeerima	[programme:rima]
hacker (computerkraker)	häkker	[hækker]
wachtwoord (het)	parool	[paro:lʲ]
virus (het)	viirus	[ʋi:rus]
ontdekken (virus ~)	avastama	[aʋasʲtama]

| byte (de) | bait | [bait] |
| megabyte (de) | megabait | [megabait] |

| data (de) | andmed | [andmet] |
| databank (de) | andmebaas | [andmeba:s] |

kabel (USB-~, enz.)	kaabel	[ka:belʲ]
afsluiten (ww)	välja lülitama	[ʋælja lʉlitama]
aansluiten op (ww)	ühendama	[ʉhendama]

140. Internet. E-mail

internet (het)	internet	[internet]
browser (de)	brauser	[brauser]
zoekmachine (de)	otsimisressurss	[otsimisressurss]
internetprovider (de)	provaider	[proʋaider]

webmaster (de)	veebimeister	[ʋe:bimejsʲter]
website (de)	veebilehekülg	[ʋe:bilehekʉlʲg]
webpagina (de)	veebilehekülg	[ʋe:bilehekʉlʲg]

| adres (het) | aadress | [a:dress] |
| adresboek (het) | aadressiraamat | [a:dressira:mat] |

postvak (het)	postkast	[posʲtkasʲt]
post (de)	post	[posʲt]
vol (~ postvak)	täis	[tæjs]

bericht (het)	teade	[teade]
binnenkomende berichten (mv.)	sissetulevad sõnumid	[sissetuleʋat sɜnumit]
uitgaande berichten (mv.)	väljaminevad sõnumid	[ʋæljamineʋat sɜnumit]
verzender (de)	saatja	[sa:tja]
verzenden (ww)	saatma	[sa:tma]
verzending (de)	saatmine	[sa:tmine]

| ontvanger (de) | saaja | [sa:ja] |
| ontvangen (ww) | kätte saama | [kætte sa:ma] |

| correspondentie (de) | kirjavahetus | [kirjaʋahetus] |
| corresponderen (met ...) | kirjavahetuses olema | [kirjaʋahetuses olema] |

bestand (het)	fail	[failʲ]
downloaden (ww)	allalaadimine	[alʲæla:dimine]
creëren (ww)	tegema	[tegema]
verwijderen (een bestand ~)	eemaldama	[e:malʲdama]
verwijderd (bn)	eemaldatud	[e:malʲdatut]

verbinding (de)	side	[side]
snelheid (de)	kiirus	[ki:rus]
modem (de)	modem	[modem]
toegang (de)	juurdepääs	[ju:rdepæ:s]
poort (de)	port	[port]
aansluiting (de)	lülitus	[lʉlitus]

zich aansluiten (ww)	**sisse lülitama**	[sisse lulitama]
selecteren (ww)	**valima**	[ualima]
zoeken (ww)	**otsima**	[otsima]

Vervoer

141. Vliegtuig

vliegtuig (het)	lennuk	[lennuk]
vliegticket (het)	lennukipilet	[lennukipilet]
luchtvaartmaatschappij (de)	lennukompanii	[lennukompani:]
luchthaven (de)	lennujaam	[lennuja:m]
supersonisch (bn)	ülehelikiiruse	[ʉleheliki:ruse]
gezagvoerder (de)	lennukikomandör	[lennukikomandør]
bemanning (de)	meeskond	[me:skont]
piloot (de)	piloot	[pilo:t]
stewardess (de)	stjuardess	[sʲtjuardess]
stuurman (de)	tüürimees	[tʉ:rime:s]
vleugels (mv.)	tiivad	[ti:ʋat]
staart (de)	saba	[saba]
cabine (de)	kabiin	[kabi:n]
motor (de)	mootor	[mo:tor]
landingsgestel (het)	telik	[telik]
turbine (de)	turbiin	[turbi:n]
propeller (de)	propeller	[propelʲer]
zwarte doos (de)	must kast	[musʲt kasʲt]
stuur (het)	tüür	[tʉ:r]
brandstof (de)	kütus	[kʉtus]
veiligheidskaart (de)	instruktsioon	[insʲtruktsio:n]
zuurstofmasker (het)	hapnikumask	[hapnikumask]
uniform (het)	vormiriietus	[ʋormiri:etus]
reddingsvest (de)	päästevest	[pæ:sʲteʋesʲt]
parachute (de)	langevari	[langeʋari]
opstijgen (het)	õhkutõusmine	[ɜhkutɜusmine]
opstijgen (ww)	õhku tõusma	[ɜhku tɜusma]
startbaan (de)	tõusurada	[tɜusurada]
zicht (het)	nähtavus	[næhtaʋus]
vlucht (de)	lend	[lent]
hoogte (de)	kõrgus	[kɜrgus]
luchtzak (de)	õhuauk	[ɜhuauk]
plaats (de)	koht	[koht]
koptelefoon (de)	kõrvaklapid	[kɜrʋaklapit]
tafeltje (het)	klapplaud	[klapplaut]
venster (het)	illuminaator	[ilʲumina:tor]
gangpad (het)	vahekäik	[ʋahekæjk]

142. Trein

trein (de)	rong	[rong]
elektrische trein (de)	elektrirong	[elektrirong]
sneltrein (de)	kiirrong	[ki:rrong]
diesellocomotief (de)	mootorvedur	[mo:toruedur]
locomotief (de)	auruvedur	[auruuedur]
rijtuig (het)	vagun	[uagun]
restauratierijtuig (het)	restoranvagun	[resitoranuagun]
rails (mv.)	rööpad	[rø:pat]
spoorweg (de)	raudtee	[raudte:]
dwarsligger (de)	liiper	[li:per]
perron (het)	platvorm	[platuorm]
spoor (het)	tee	[te:]
semafoor (de)	semafor	[semafor]
halte (bijv. kleine treinhalte)	jaam	[ja:m]
machinist (de)	vedurijuht	[uedurijuht]
kruier (de)	pakikandja	[pakikandja]
conducteur (de)	vagunisaatja	[uagunisa:tja]
passagier (de)	reisija	[rejsija]
controleur (de)	kontrolör	[kontrolør]
gang (in een trein)	koridor	[koridor]
noodrem (de)	hädapidur	[hædapidur]
coupé (de)	kupee	[kupe:]
bed (slaapplaats)	nari	[nari]
bovenste bed (het)	ülemine nari	[ulemine nari]
onderste bed (het)	alumine nari	[alumine nari]
beddengoed (het)	voodipesu	[uo:dipesu]
kaartje (het)	pilet	[pilet]
dienstregeling (de)	sõiduplaan	[sɜidupla:n]
informatiebord (het)	tabloo	[tablo:]
vertrekken	väljuma	[uæljuma]
(De trein vertrekt ...)		
vertrek (ov. een trein)	väljumine	[uæljumine]
aankomen (ov. de treinen)	saabuma	[sa:buma]
aankomst (de)	saabumine	[sa:bumine]
aankomen per trein	rongiga saabuma	[rongiga sa:buma]
in de trein stappen	rongile minema	[rongile minema]
uit de trein stappen	rongilt maha minema	[rongilit maha minema]
treinwrak (het)	rongiõnnetus	[rongiɜnnetus]
ontspoord zijn	rööbastelt maha jooksma	[rø:basiteliit maha jo:ksma]
locomotief (de)	auruvedur	[auruuedur]
stoker (de)	kütja	[kutja]
stookplaats (de)	kolle	[kolie]
steenkool (de)	süsi	[susi]

131

143. Schip

schip (het)	laev	[laeʋ]
vaartuig (het)	laev	[laeʋ]

stoomboot (de)	aurik	[aurik]
motorschip (het)	mootorlaev	[mo:torlaeʋ]
lijnschip (het)	liinilaev	[li:nilaeʋ]
kruiser (de)	ristleja	[risʲtleja]

jacht (het)	jaht	[jaht]
sleepboot (de)	puksiir	[puksi:r]
duwbak (de)	lodi	[lodi]
ferryboot (de)	parvlaev	[parʋlaeʋ]

zeilboot (de)	purjelaev	[purjelaeʋ]
brigantijn (de)	brigantiin	[briganti:n]

IJsbreker (de)	jäälõhkuja	[jæ:lɜhkuja]
duikboot (de)	allveelaev	[alʲʋe:laeʋ]

boot (de)	paat	[pa:t]
sloep (de)	luup	[lu:p]
reddingssloep (de)	päästepaat	[pæ:sʲtepa:t]
motorboot (de)	kaater	[ka:ter]

kapitein (de)	kapten	[kapten]
zeeman (de)	madrus	[madrus]
matroos (de)	meremees	[mereme:s]
bemanning (de)	meeskond	[me:skont]

bootsman (de)	pootsman	[po:tsman]
scheepsjongen (de)	junga	[junga]
kok (de)	kokk	[kokk]
scheepsarts (de)	laevaarst	[laeʋa:rsʲt]

dek (het)	tekk	[tekk]
mast (de)	mast	[masʲt]
zeil (het)	puri	[puri]

ruim (het)	trümm	[trʉmm]
voorsteven (de)	vöör	[ʋø:r]
achtersteven (de)	ahter	[ahter]
roeispaan (de)	aer	[aer]
schroef (de)	kruvi	[kruʋi]

kajuit (de)	kajut	[kajut]
officierskamer (de)	ühiskajut	[ʉhiskajut]
machinekamer (de)	masinaruum	[masinaru:m]
brug (de)	kaptenisild	[kaptenisilʲt]
radiokamer (de)	raadiosõlm	[ra:diosɜlʲm]
radiogolf (de)	raadiolaine	[ra:diolaine]
logboek (het)	logiraamat	[logira:mat]
verrekijker (de)	pikksilm	[pikksilʲm]
klok (de)	kirikukell	[kirikukelʲ]

vlag (de)	lipp	[lipp]
kabel (de)	köis	[køis]
knoop (de)	sõlm	[sɜlʲm]

| trapleuning (de) | käsipuu | [kæsipu:] |
| trap (de) | trapp | [trapp] |

anker (het)	ankur	[ankur]
het anker lichten	ankur sisse	[ankur sisse]
het anker neerlaten	ankur välja	[ankur ʋælja]
ankerketting (de)	ankrukett	[ankrukett]

haven (bijv. containerhaven)	sadam	[sadam]
kaai (de)	sadam	[sadam]
aanleggen (ww)	randuma	[randuma]
wegvaren (ww)	kaldast eemalduma	[kalʲdasʲt e:malʲduma]

reis (de)	reis	[rejs]
cruise (de)	kruiis	[krui:s]
koers (de)	kurss	[kurss]
route (de)	marsruut	[marsru:t]

vaarwater (het)	laevasõidutee	[laeʋasɜidute:]
zandbank (de)	madalik	[madalik]
stranden (ww)	madalikule jääma	[madalikule jæ:ma]

storm (de)	torm	[torm]
signaal (het)	signaal	[signa:lʲ]
zinken (ov. een boot)	uppuma	[uppuma]
Man overboord!	Mees üle parda!	[me:s üle parda!]
SOS (noodsignaal)	SOS	[sos]
reddingsboei (de)	päästerõngas	[pæ:sʲterɜngas]

144. Vliegveld

luchthaven (de)	lennujaam	[lennuja:m]
vliegtuig (het)	lennuk	[lennuk]
luchtvaartmaatschappij (de)	lennukompanii	[lennukompani:]
luchtverkeersleider (de)	dispetšer	[dispetʃer]

vertrek (het)	väljalend	[ʋæljalent]
aankomst (de)	saabumine	[sa:bumine]
aankomen (per vliegtuig)	saabuma	[sa:buma]

| vertrektijd (de) | väljalennuaeg | [ʋæljalennuaeg] |
| aankomstuur (het) | saabumisaeg | [sa:bumisɑeg] |

| vertraagd zijn (ww) | hilinema | [hilinema] |
| vluchtvertraging (de) | väljalend hilineb | [ʋæljalent hilineb] |

informatiebord (het)	teadetetabloo	[teadetetablo:]
informatie (de)	teave	[teaʋe]
aankondigen (ww)	teatama	[teatama]
vlucht (bijv. KLM ~)	reis	[rejs]

| douane (de) | toll | [tolʲ] |
| douanier (de) | tolliametnik | [tolʲiametnik] |

douaneaangifte (de)	deklaratsioon	[deklaratsio:n]
invullen (douaneaangifte ~)	täitma	[tæjtma]
een douaneaangifte invullen	deklaratsiooni täitma	[deklaratsio:ni tæjtma]
paspoortcontrole (de)	passikontroll	[passikontrolʲ]

bagage (de)	pagas	[pagas]
handbagage (de)	käsipakid	[kæsipakit]
bagagekarretje (het)	pagasikäru	[pagasikæru]

landing (de)	maandumine	[ma:ndumine]
landingsbaan (de)	maandumisrada	[ma:ndumisrada]
landen (ww)	maanduma	[ma:nduma]
vliegtuigtrap (de)	lennukitrepp	[lennukitrepp]

inchecken (het)	registreerimine	[regisʲtre:rimine]
incheckbalie (de)	registreerimiselett	[regisʲtre:rimiselett]
inchecken (ww)	registreerima	[regisʲtre:rima]
instapkaart (de)	lennukissemineku talong	[lennukissemineku talong]
gate (de)	lennukisse minek	[lennukisse minek]

transit (de)	transiit	[transi:t]
wachten (ww)	ootama	[o:tama]
wachtzaal (de)	ooteruum	[o:teru:m]
begeleiden (uitwuiven)	saatma	[sa:tma]
afscheid nemen (ww)	hüvasti jätma	[hʉʋasʲti jætma]

145. Fiets. Motorfiets

fiets (de)	jalgratas	[jalʲgratas]
bromfiets (de)	motoroller	[motorolʲer]
motorfiets (de)	mootorratas	[mo:torratas]

met de fiets rijden	jalgrattaga sõitma	[jalʲgrattaga sɜitma]
stuur (het)	rool	[ro:lʲ]
pedaal (de/het)	pedaal	[peda:lʲ]
remmen (mv.)	pidur	[pidur]
fietszadel (de/het)	sadul	[sadulʲ]

pomp (de)	pump	[pump]
bagagedrager (de)	pakiruum	[pakiru:m]
fietslicht (het)	lamp	[lamp]
helm (de)	kiiver	[ki:ʋer]

wiel (het)	ratas	[ratas]
spatbord (het)	poritiib	[poriti:b]
velg (de)	velg	[ʋelʲg]
spaak (de)	kodar	[kodar]

Auto's

146. Soorten auto's

auto (de)	auto	[auto]
sportauto (de)	spordiauto	[spordiauto]
limousine (de)	limusiin	[limusi:n]
terreinwagen (de)	maastur	[ma:sˈtur]
cabriolet (de)	kabriolett	[kabriolett]
minibus (de)	väikebuss	[uæjkebuss]
ambulance (de)	kiirabi	[ki:rabi]
sneeuwruimer (de)	lumekoristusauto	[lumekorisˈtusauto]
vrachtwagen (de)	veoauto	[ueoauto]
tankwagen (de)	bensiiniauto	[bensi:niauto]
bestelwagen (de)	furgoon	[furgo:n]
trekker (de)	veduk	[ueduk]
aanhangwagen (de)	järelkäru	[jærelˈkæru]
comfortabel (bn)	mugav	[mugau]
tweedehands (bn)	kasutatud	[kasutatut]

147. Auto's. Carrosserie

motorkap (de)	kapott	[kapott]
spatbord (het)	tiib	[ti:b]
dak (het)	katus	[katus]
voorruit (de)	tuuleklaas	[tu:lekla:s]
achterruit (de)	tahavaatepeegel	[tahaua:tepe:gelʲ]
ruitensproeier (de)	uhtuja	[uhtuja]
wisserbladen (mv.)	klaasipuhasti	[kla:sipuhasˈti]
zijruit (de)	küljeklaas	[kɯljekla:ɛ]
raamlift (de)	klaasitõstja	[kla:sitɜsˈtja]
antenne (de)	antenn	[antenn]
zonnedak (het)	luuk	[lu:k]
bumper (de)	kaitseraud	[kaitseraut]
koffer (de)	pakiruum	[pakiru:m]
imperiaal (de/het)	pakiraam	[pakira:m]
portier (het)	uksed	[ukset]
handvat (het)	ukselink	[ukselink]
slot (het)	lukk	[lukk]
nummerplaat (de)	autonumber	[autonumber]
knalpot (de)	summutaja	[summutaja]

135

| benzinetank (de) | bensiinipaak | [bensi:nipa:k] |
| uitlaatpijp (de) | heitgaasitoru | [hejtga:sitoru] |

gas (het)	gaas	[ga:s]
pedaal (de/het)	pedaal	[peda:lʲ]
gaspedaal (de/het)	gaasipedaal	[ga:sipeda:lʲ]

rem (de)	pidur	[pidur]
rempedaal (de/het)	piduripedaal	[piduripeda:lʲ]
remmen (ww)	pidurdama	[pidurdama]
handrem (de)	seisupidur	[sejsupidur]

koppeling (de)	sidur	[sidur]
koppelingspedaal (de/het)	siduripedaal	[siduripeda:lʲ]
koppelingsschijf (de)	siduriketas	[siduriketas]
schokdemper (de)	amortisaator	[amortisa:tor]

wiel (het)	ratas	[ratas]
reservewiel (het)	tagavararatas	[tagaʋararatas]
band (de)	rehv	[rehʋ]
wieldop (de)	kilp	[kilʲp]

aandrijfwielen (mv.)	veorattad	[ʋeorattat]
met voorwielaandrijving	eesveoga	[e:sʋeoga]
met achterwielaandrijving	tagaveoga	[tagaʋeoga]
met vierwielaandrijving	täisveoga	[tæjsʋeoga]

versnellingsbak (de)	käigukast	[kæjgukasʲt]
automatisch (bn)	automaatne	[automa:tne]
mechanisch (bn)	mehaaniline	[meha:niline]
versnellingspook (de)	käigukang	[kæjgukang]

| voorlicht (het) | latern | [latern] |
| voorlichten (mv.) | laternad | [laternat] |

dimlicht (het)	lähituled	[lʲæhitulet]
grootlicht (het)	kaugtuled	[kaugtulet]
stoplicht (het)	stopp-signaal	[sʲtopp-signa:lʲ]

standlichten (mv.)	gabariittuled	[gabari:ttulet]
noodverlichting (de)	avariituled	[aʋari:tulet]
mistlichten (mv.)	udulaternad	[udulaternat]
pinker (de)	pöörmetuled	[pø:rmetulet]
achteruitrijdlicht (het)	tagasikäik	[tagasikæjk]

148. Auto's. Passagiersruimte

interieur (het)	sõitjateruum	[sɜitjateru:m]
leren (van leer gemaak)	nahast	[nahasʲt]
fluwelen (abn)	veluurist	[ʋelu:risʲt]
bekleding (de)	kattematerjal	[kattematerjalʲ]

| toestel (het) | seade | [seade] |
| instrumentenbord (het) | armatuurlaud | [armatu:rlaut] |

| snelheidsmeter (de) | spidomeeter | [spidome:ter] |
| pijltje (het) | nool | [no:lʲ] |

kilometerteller (de)	taksomeeter	[taksome:ter]
sensor (de)	andur	[andur]
niveau (het)	tase	[tase]
controlelampje (het)	elektripirn	[elektripirn]

stuur (het)	rool, rooliratas	[ro:l, ro:liratas]
toeter (de)	signaal	[signa:lʲ]
knopje (het)	nupp	[nupp]
schakelaar (de)	suunatuli	[su:natuli]

stoel (bestuurders~)	iste	[isʲte]
rugleuning (de)	seljatugi	[seljatugi]
hoofdsteun (de)	peatugi	[peatugi]
veiligheidsgordel (de)	turvavöö	[turʋaʋø:]
de gordel aandoen	turvavööd kinni panema	[turʋaʋø:t kinni panema]
regeling (de)	reguleerimine	[regule:rimine]

| airbag (de) | õhkpadi | [ɜhkpadi] |
| airconditioner (de) | konditsioneer | [konditsione:r] |

radio (de)	raadio	[ra:dio]
CD-speler (de)	CD-mängija	[tsede mæŋgija]
aanzetten (bijv. radio ~)	sisse lülitama	[sisse lʉlitama]
antenne (de)	antenn	[antenn]
handschoenenkastje (het)	kindalaegas	[kindalaegas]
asbak (de)	tuhatoos	[tuhato:s]

149. Auto's. Motor

motor (de)	mootor	[mo:tor]
diesel- (abn)	diisel	[di:selʲ]
benzine- (~motor)	bensiini	[bensi:ni]

motorinhoud (de)	mootorimaht	[mo:torimaht]
vermogen (het)	võimsus	[ʋɜimsus]
paardenkracht (de)	hobujõud	[hobujɜut]
zuiger (de)	kolb	[kolʲb]
cilinder (de)	silinder	[silinder]
klep (de)	klapp	[klapp]

injectie (de)	suru-jugapump	[suru-jugapump]
generator (de)	generaator	[genera:tor]
carburator (de)	karburaator	[karbura:tor]
motorolie (de)	mootoriõli	[mo:toriɜli]

radiator (de)	radiaator	[radia:tor]
koelvloeistof (de)	jahutusvedelik	[jahutusʋedelik]
ventilator (de)	ventilaator	[ʋentila:tor]

| accu (de) | aku | [aku] |
| starter (de) | käiviti | [kæjʉiti] |

137

| contact (ontsteking) | süüde | [su:de] |
| bougie (de) | süüteküünal | [su:teku:nalʲ] |

pool (de)	klemm	[klemm]
positieve pool (de)	pluss	[pluss]
negatieve pool (de)	miinus	[mi:nus]
zekering (de)	kaitse	[kaitse]

luchtfilter (de)	õhufilter	[ɜhufilʲter]
oliefilter (de)	õlifilter	[ɜlifilʲter]
benzinefilter (de)	kütusefilter	[kutusefilʲter]

150. Auto's. Botsing. Reparatie

auto-ongeval (het)	avarii	[avari:]
verkeersongeluk (het)	liiklusõnnetus	[li:klusɜnnetus]
aanrijden (tegen een boom, enz.)	sisse sõitma	[sisse sɜitma]
verongelukken (ww)	purunema	[purunema]
beschadiging (de)	vigastus	[ʋigasʲtus]
heelhuids (bn)	terve	[terʋe]

pech (de)	rike	[rike]
kapot gaan (zijn gebroken)	purunema	[purunema]
sleeptouw (het)	puksiirtross	[puksi:rtross]

lek (het)	auk	[auk]
lekke krijgen (band)	tühjaks minema	[tuhjaks minema]
oppompen (ww)	täis pumpama	[tæjs pumpama]
druk (de)	rõhk	[rɜhk]
checken (controleren)	kontrollima	[kontrolʲima]

reparatie (de)	remont	[remont]
garage (de)	autoremonditöökoda	[autoremonditø:koda]
wisselstuk (het)	varuosa	[ʋaruosa]
onderdeel (het)	detail	[detailʲ]

bout (de)	polt	[polʲt]
schroef (de)	vint	[ʋint]
moer (de)	mutter	[mutter]
sluitring (de)	seib	[sejb]
kogellager (de/het)	kuullaager	[ku:lʲæ:ger]

pijp (de)	toru	[toru]
pakking (de)	tihend	[tihent]
kabel (de)	juhe	[juhe]

dommekracht (de)	tungraud	[tungraut]
moersleutel (de)	mutrivõti	[mutriʋɜti]
hamer (de)	haamer	[ha:mer]
pomp (de)	pump	[pump]
schroevendraaier (de)	kruvikeeraja	[kruʋike:raja]
brandblusser (de)	tulekustuti	[tulekusʲtuti]
gevarendriehoek (de)	avariikolmnurk	[aʋari:kolʲmnurk]

afslaan (ophouden te werken)	välja surema	[ʋælja surema]
uitvallen (het)	seisak	[sejsak]
zijn gebroken	rikkis	[rikkis]

oververhitten (ww)	üle kuumenema	[ule ku:menema]
verstopt raken (ww)	ummistuma	[ummisʲtuma]
bevriezen (autodeur, enz.)	kinni külmuma	[kinni kuʎmuma]
barsten (leidingen, enz.)	lõhki minema	[lɜhki minema]

druk (de)	rõhk	[rɜhk]
niveau (bijv. olieniveau)	tase	[tase]
slap (de drijfriem is ~)	nõrk	[nɜrk]

deuk (de)	muljutis	[muljutis]
geklop (vreemde geluiden)	koputus	[koputus]
barst (de)	pragu	[pragu]
kras (de)	kriimustus	[kri:musʲtus]

151. Auto's. Weg

weg (de)	tee	[te:]
snelweg (de)	kiirtee	[ki:rte:]
autoweg (de)	maantee	[ma:nte:]
richting (de)	suund	[su:nt]
afstand (de)	vahemaa	[ʋahema:]

brug (de)	sild	[silʲt]
parking (de)	parkla	[parkla]
plein (het)	väljak	[ʋæljak]
verkeersknooppunt (het)	liiklussõlm	[li:klussɜʎm]
tunnel (de)	tunnel	[tunneʎ]

benzinestation (het)	tankla	[tankla]
parking (de)	parkla	[parkla]
benzinepomp (de)	tankla	[tankla]
garage (de)	garaaž	[gara:ʒ]
tanken (ww)	tankima	[tankima]
brandstof (de)	kütus	[kutus]
jerrycan (de)	kanister	[kanisʲter]

asfalt (het)	asfalt	[asfalʲt]
markering (de)	märgistus	[mærgisʲtus]
trottoirband (de)	piire	[pi:re]
geleiderail (de)	tara	[tara]
greppel (de)	kraav	[kra:ʋ]
vluchtstrook (de)	teeperv	[to:perʋ]
lichtmast (de)	post	[posʲt]

besturen (een auto ~)	juhtima	[juhtima]
afslaan (naar rechts ~)	pöörama	[pø:rama]
U-bocht maken (ww)	ümber pöörama	[umber pø:rama]
achteruit (de)	tagasikäik	[tagasikæjk]
toeteren (ww)	signaali andma	[signa:li andma]

toeter (de)	helisignaal	[helisigna:lⁱ]
vastzitten (in modder)	kinni jääma	[kinni jæ:ma]
spinnen (wielen gaan ~)	puksima	[puksima]
uitzetten (ww)	seisma jätma	[sejsma jætma]
snelheid (de)	kiirus	[ki:rus]
een snelheidsovertreding	kiirust ületama	[ki:rusᵗt ʉletama]
maken		
bekeuren (ww)	trahvima	[trahʋima]
verkeerslicht (het)	valgusfoor	[ʋalⁱgusfo:r]
rijbewijs (het)	juhiload	[juhiloat]
overgang (de)	ülesõit	[ʉlesɜit]
kruispunt (het)	ristmik	[risⁱtmik]
zebrapad (oversteekplaats)	jalakäijate ülekäik	[jalakæjjate ʉlekæjk]
bocht (de)	kurv	[kurʋ]
voetgangerszone (de)	jalakäijate tsoon	[jalakæjjate tso:n]

MENSEN. GEBEURTENISSEN IN HET LEVEN

Gebeurtenissen in het leven

152. Vakanties. Evenement

feest (het)	pidu	[pidu]
nationale feestdag (de)	rahvuspüha	[rahʋuspʉha]
feestdag (de)	pidupäev	[pidupæəʋ]
herdenken (ww)	pidu pidama	[pidu pidama]
gebeurtenis (de)	sündmus	[sʉndmus]
evenement (het)	üritus	[ʉritus]
banket (het)	bankett	[bankett]
receptie (de)	vastuvõtt	[ʋasʲtuʋɔtt]
feestmaal (het)	pidu	[pidu]
verjaardag (de)	aastapäev	[a:sʲtapæəʋ]
jubileum (het)	juubelipidu	[ju:belipidu]
vieren (ww)	tähistama	[tæhisʲtama]
Nieuwjaar (het)	Uusaasta	[u:sa:sʲta]
Gelukkig Nieuwjaar!	Head uut aastat!	[heat u:t a:sʲtat!]
Sinterklaas (de)	Jõuluvana	[jɜuluʋana]
Kerstfeest (het)	Jõulud	[jɜulut]
Vrolijk kerstfeest!	Rõõmsaid jõulupühi!	[rɜ:msait jɜulupʉhi!]
kerstboom (de)	jõulukuusk	[jɜuluku:sk]
vuurwerk (het)	saluut	[salu:t]
bruiloft (de)	pulmad	[pulʲmat]
bruidegom (de)	peigmees	[pejgme:s]
bruid (de)	pruut	[pru:t]
uitnodigen (ww)	kutsuma	[kutsuma]
uitnodiging (de)	kutse	[kutse]
gast (de)	külaline	[kʉlaline]
op bezoek gaan	külla minema	[kʉlʲæ minema]
gasten verwelkomen	külalisi vastu võtma	[kʉlalisi ʋasʲtu ʋɔtma]
geschenk, cadeau (het)	kingitus	[kingitus]
geven (iets cadeau ~)	kinkima	[kinkima]
geschenken ontvangen	kingitusi saama	[kingitusi sa:ma]
boeket (het)	lillekimp	[lilʲekimp]
felicitaties (mv.)	õnnitlus	[ɜnnitlus]
feliciteren (ww)	õnnitlema	[ɜnnitlema]
wenskaart (de)	õnnitluskaart	[ɜnnitluska:rt]

| een kaartje versturen | kaarti saatma | [ka:rti sa:tma] |
| een kaartje ontvangen | kaarti saama | [ka:rti sa:ma] |

toast (de)	toost	[to:sⁱt]
aanbieden (een drankje ~)	kostitama	[kosⁱtitama]
champagne (de)	šampus	[ʃampus]

plezier hebben (ww)	lõbutsema	[lɜbutsema]
plezier (het)	lust	[lusⁱt]
vreugde (de)	rõõm	[rɜ:m]

| dans (de) | tants | [tants] |
| dansen (ww) | tantsima | [tantsima] |

| wals (de) | valss | [ualⁱss] |
| tango (de) | tango | [tango] |

153. Begrafenissen. Begrafenis

kerkhof (het)	kalmistu	[kalⁱmisⁱtu]
graf (het)	haud	[haut]
kruis (het)	rist	[risⁱt]
grafsteen (de)	hauakivi	[hauakiui]
omheining (de)	piirdeaed	[pi:rdeaet]
kapel (de)	kabel	[kabelʲ]

dood (de)	surm	[surm]
sterven (ww)	surema	[surema]
overledene (de)	kadunu	[kadunu]
rouw (de)	lein	[lejn]

begraven (ww)	matma	[matma]
begrafenisonderneming (de)	matusebüroo	[matusebʉro:]
begrafenis (de)	matus	[matus]

krans (de)	pärg	[pærg]
doodskist (de)	kirst	[kirsⁱt]
lijkwagen (de)	katafalk	[katafalⁱk]
lijkkleed (de)	surilina	[surilina]

begrafenisstoet (de)	matuserongkäik	[matuserongkæjk]
urn (de)	urn	[urn]
crematorium (het)	krematoorium	[kremato:rium]

overlijdensbericht (het)	nekroloog	[nekrolo:g]
huilen (wenen)	nutma	[nutma]
snikken (huilen)	ulguma	[ulⁱguma]

154. Oorlog. Soldaten

| peloton (het) | jagu | [jagu] |
| compagnie (de) | rood | [ro:t] |

regiment (het)	polk	[polʲk]
leger (armee)	kaitsevägi	[kaitseʋægi]
divisie (de)	divisjon	[diʋisjon]

sectie (de)	rühm	[rʉhm]
troep (de)	vägi	[ʋægi]

soldaat (militair)	sõdur	[sɜdur]
officier (de)	ohvitser	[ohʋitser]

soldaat (rang)	reamees	[reame:s]
sergeant (de)	seersant	[se:rsant]
luitenant (de)	leitnant	[lejtnant]
kapitein (de)	kapten	[kapten]
majoor (de)	major	[major]
kolonel (de)	kolonel	[kolonelʲ]
generaal (de)	kindral	[kindralʲ]

matroos (de)	meremees	[mereme:s]
kapitein (de)	kapten	[kapten]
bootsman (de)	pootsman	[po:tsman]

artillerist (de)	suurtükiväelane	[su:rtʉkiʋæəlane]
valschermjager (de)	dessantväelane	[dessantʋæəlane]
piloot (de)	lendur	[lendur]
stuurman (de)	tüürimees	[tʉ:rime:s]
mecanicien (de)	mehaanik	[meha:nik]

sappeur (de)	sapöör	[sapø:r]
parachutist (de)	langevarjur	[langeʋarjur]
verkenner (de)	luuraja	[lu:raja]
scherpschutter (de)	snaiper	[snaiper]

patrouille (de)	patrull	[patrulʲ]
patrouilleren (ww)	patrullima	[patrulʲima]
wacht (de)	tunnimees	[tunnime:s]

krijger (de)	sõjamees	[sɜjame:s]
patriot (de)	patrioot	[patrio:t]

held (de)	kangelane	[kangelane]
heldin (de)	kangelanna	[kangelanna]

verrader (de)	äraandja	[ær̆a:ɪdja]
verraden (ww)	ära andma	[æra andma]

deserteur (de)	desertöör	[desertø:r]
deserteren (ww)	deserteerima	[deserte:rima]

huurling (de)	palgasõdur	[palʲgasɜdur]
rekruut (de)	noorsõdur	[no:rsɜdur]
vrijwilliger (de)	vabatahtlik	[ʋabatahtlik]

gedode (de)	tapetu	[tapetu]
gewonde (de)	haavatu	[ha:ʋatu]
krijgsgevangene (de)	sõjavang	[sɜjaʋang]

155. Oorlog. Militaire acties. Deel 1

oorlog (de)	sõda	[sɜda]
oorlog voeren (ww)	sõdima	[sɜdima]
burgeroorlog (de)	kodusõda	[kodusɜda]

achterbaks (bw)	reetlikult	[reːtlikulʲt]
oorlogsverklaring (de)	sõjakuulutamine	[sɜjakuːlutamine]
verklaren (de oorlog ~)	sõda kuulutama	[sɜda kuːlutama]
agressie (de)	agressioon	[agressioːn]
aanvallen (binnenvallen)	kallale tungima	[kalʲæle tungima]

binnenvallen (ww)	anastama	[anasʲtama]
invaller (de)	anastaja	[anasʲtaja]
veroveraar (de)	vallutaja	[ʋalʲutaja]

verdediging (de)	kaitse	[kaitse]
verdedigen (je land ~)	kaitsma	[kaitsma]
zich verdedigen (ww)	ennast kaitsma	[ennasʲt kaitsma]

vijand (de)	vaenlane	[ʋaenlane]
tegenstander (de)	vastane	[ʋasʲtane]
vijandelijk (bn)	vaenulik	[ʋaenulik]

strategie (de)	strateegia	[sʲtrateːgia]
tactiek (de)	taktika	[taktika]

order (de)	käsk	[kæsk]
bevel (het)	käsk	[kæsk]
bevelen (ww)	käskima	[kæskima]
opdracht (de)	ülesanne	[ulesanne]
geheim (bn)	salajane	[salajane]

veldslag (de)	võitlus	[ʋɜitlus]
strijd (de)	lahing	[lahing]

aanval (de)	rünnak	[rʉnnak]
bestorming (de)	rünnak	[rʉnnak]
bestormen (ww)	ründama	[rʉndama]
bezetting (de)	ümberpiiramine	[ʉmberpiːramine]

aanval (de)	pealetung	[pealetung]
in het offensief te gaan	peale tungima	[peale tungima]

terugtrekking (de)	taganemine	[taganemine]
zich terugtrekken (ww)	taganema	[taganema]

omsingeling (de)	ümberpiiramine	[ʉmberpiːramine]
omsingelen (ww)	ümber piirama	[ʉmber piːrama]

bombardement (het)	pommitamine	[pommitamine]
een bom gooien	pommi heitma	[pommi hejtma]
bombarderen (ww)	pommitama	[pommitama]
ontploffing (de)	plahvatus	[plahʋatus]
schot (het)	lask	[lask]

| een schot lossen | tulistama | [tulisᐟtama] |
| schieten (het) | tulistamine | [tulisᐟtamine] |

mikken op (ww)	sihtima	[sihtima]
aanleggen (een wapen ~)	sihikule võtma	[sihikule ʋɔtma]
treffen (doelwit ~)	tabama	[tabama]

zinken (tot zinken brengen)	põhja laskma	[pɔhja laskma]
kogelgat (het)	mürsuauk	[mɐrsuauk]
zinken (gezonken zijn)	põhja minema	[pɔhja minema]

front (het)	rinne	[rinne]
evacuatie (de)	evakuatsioon	[eʋakuatsio:n]
evacueren (ww)	evakueerima	[eʋakue:rima]

loopgraaf (de)	kaevik	[kaeʋik]
prikkeldraad (de)	okastraat	[okasᐟtra:t]
verdedigingsobstakel (het)	kaitsevall	[kaitseʋalᐟ]
wachttoren (de)	vaatetorn	[ʋa:tetorn]

hospitaal (het)	hospital	[hospitalᐟ]
verwonden (ww)	haavama	[ha:ʋama]
wond (de)	haav	[ha:ʋ]
gewonde (de)	haavatu	[ha:ʋatu]
gewond raken (ww)	haavata saama	[ha:ʋata sa:ma]
ernstig (~e wond)	raske	[raske]

156. Wapens

wapens (mv.)	relv	[relᐟʋ]
vuurwapens (mv.)	tulirelv	[tulirelᐟʋ]
koude wapens (mv.)	külmrelv	[kɐlᐟmrelᐟʋ]

chemische wapens (mv.)	keemiarelv	[ke:miarelᐟʋ]
kern-, nucleair (bn)	tuuma-	[tu:ma-]
kernwapens (mv.)	tuumarelv	[tu:marelᐟʋ]

| bom (de) | pomm | [pomm] |
| atoombom (de) | aatomipomm | [a:tomipomm] |

pistool (het)	püstol	[pɐsᐟtolᐟ]
geweer (het)	püss	[pɐss]
machinepistool (het)	automaat	[automa:t]
machinegeweer (het)	kuulipilduja	[ku:lipilᐟduja]

loop (schietbuis)	püssitoru	[pɐssitoru]
loop (bijv. geweer met kortere ~)	püssitoru	[pɐssitoru]
kaliber (het)	kaliiber	[kali:ber]

trekker (de)	vinn	[ʋinn]
korrel (de)	sihik	[sihik]
magazijn (het)	padrunisalv	[padrunisalᐟʋ]
geweerkolf (de)	püssipära	[pɐssipæra]

| granaat (handgranaat) explosieven (mv.) | granaat lõhkeaine | [grana:t] [lɜhkeaine] |

| kogel (de) patroon (de) lading (de) ammunitie (de) | kuul padrun laeng lahingumoon | [ku:lʲ] [padrun] [laeng] [lahingumo:n] |

| bommenwerper (de) straaljager (de) helikopter (de) | pommilennuk hävituslennuk helikopter | [pommilennuk] [hæʋituslennuk] [helikopter] |

| afweergeschut (het) tank (de) kanon (tank met een ~ van 76 mm) | õhutõrjekahur tank kahur | [ɜhutɜrjekahur] [tank] [kahur] |

| artillerie (de) kanon (het) aanleggen (een wapen ~) | kahurivägi suurtükk sihikule võtma | [kahuriʋægi] [su:rtʉkk] [sihikule ʋɜtma] |

| projectiel (het) mortiergranaat (de) mortier (de) granaatscherf (de) | mürsk miin miinipilduja kild | [mʉrsk] [mi:n] [mi:nipilʲduja] [kilʲt] |

| duikboot (de) torpedo (de) raket (de) | allveelaev torpeedo rakett | [alʲʋe:laeʋ] [torpe:do] [rakett] |

| laden (geweer, kanon) schieten (ww) richten op (mikken) bajonet (de) | laadima tulistama sihtima tääk | [la:dima] [tulisʲtama] [sihtima] [tæ:k] |

| degen (de) sabel (de) speer (de) boog (de) pijl (de) musket (de) kruisboog (de) | mõõk saabel oda vibu nool musket arbalett | [mɜ:k] [sa:belʲ] [oda] [ʋibu] [no:lʲ] [musket] [arbalett] |

157. Oude mensen

| primitief (bn) voorhistorisch (bn) eeuwenoude (~ beschaving) | ürgne eelajalooline iidne | [ʉrgne] [e:lajalo:line] [i:dne] |

| Steentijd (de) Bronstijd (de) IJstijd (de) stam (de) menseneter (de) | kiviaeg pronksiaeg jääaeg suguharu inimsööja | [kiʋiaeg] [pronksiaeg] [jæ::eg] [suguharu] [inimsø:ja] |

jager (de)	kütt	[kʉtt]
jagen (ww)	jahil käima	[jahilʲ kæɛjma]
mammoet (de)	mammut	[mammut]

grot (de)	koobas	[ko:bas]
vuur (het)	tuli	[tuli]
kampvuur (het)	lõke	[lɜke]
rotstekening (de)	kaljujoonis	[kaljujo:nis]

werkinstrument (het)	tööriist	[tø:ri:sʲt]
speer (de)	oda	[oda]
stenen bijl (de)	kivikirves	[kiʋikirʋes]
oorlog voeren (ww)	sõdima	[sɜdima]
temmen (bijv. wolf ~)	kodustama	[kodusʲtama]

idool (het)	iidol	[i:dolʲ]
aanbidden (ww)	kummardama	[kummardama]
bijgeloof (het)	ebausk	[ebausk]
ritueel (het)	riitus	[ri:tus]

evolutie (de)	evolutsioon	[eʋolutsio:n]
ontwikkeling (de)	areng	[areng]
verdwijning (de)	kadumine	[kadumine]
zich aanpassen (ww)	kohanema	[kohanema]

archeologie (de)	arheoloogia	[arheolo:gia]
archeoloog (de)	arheoloog	[arheolo:g]
archeologisch (bn)	arheoloogiline	[arheolo:giline]

opgravingsplaats (de)	väljakaevamised	[ʋæɛljakaeʋamiset]
opgravingen (mv.)	väljakaevamised	[ʋæɛljakaeʋamiset]
vondst (de)	leid	[lejt]
fragment (het)	fragment	[fragment]

158. Middeleeuwen

volk (het)	rahvas	[rahʋas]
volkeren (mv.)	rahvad	[rahʋat]
stam (de)	suguharu	[suguharu]
stammen (mv.)	hõimud	[hɜimut]

barbaren (mv.)	barbar	[barbar]
Galliërs (mv.)	gallid	[galʲit]
Goten (mv.)	goodid	[go:dit]
Slaven (mv.)	slaavlased	[sla:ʋlaset]
Vikings (mv.)	viikingid	[ʋi:kingit]

| Romeinen (mv.) | roomlased | [ro:mlaset] |
| Romeins (bn) | rooma | [ro:ma] |

Byzantijnen (mv.)	bütsantslased	[bʉtsantslaset]
Byzantium (het)	Bütsants	[bʉtsants]
Byzantijns (bn)	bütsantsi	[bʉtsantsi]
keizer (bijv. Romeinse ~)	imperaator	[impera:tor]

opperhoofd (het)	pealik	[pealik]
machtig (bn)	võimas	[uɜimas]
koning (de)	kuningas	[kuningas]
heerser (de)	valitseja	[ualitseja]

ridder (de)	rüütel	[ruːtelʲ]
feodaal (de)	feodaal	[feoda:lʲ]
feodaal (bn)	feodaalne	[feoda:lʲne]
vazal (de)	vasall	[uasalʲ]

hertog (de)	hertsog	[hertsog]
graaf (de)	krahv	[krahu]
baron (de)	parun	[parun]
bisschop (de)	piiskop	[pi:skop]

harnas (het)	lahinguvarustus	[lahinguuarusʲtus]
schild (het)	kilp	[kilʲp]
zwaard (het)	mõõk	[mɜ:k]
vizier (het)	visiir	[uisi:r]
maliënkolder (de)	raudrüü	[raudru:]

kruistocht (de)	ristiretk	[risʲtiretk]
kruisvaarder (de)	ristirüütel	[risʲtiru:telʲ]

gebied (bijv. bezette ~en)	territoorium	[territo:rium]
aanvallen (binnenvallen)	kallale tungima	[kalʲæle tungima]
veroveren (ww)	vallutama	[ualʲutama]
innemen (binnenvallen)	anastama	[anasʲtama]

bezetting (de)	ümberpiiramine	[ʉmberpi:ramine]
bezet (bn)	ümberpiiratud	[ʉmberpi:ratut]
belegeren (ww)	ümber piirama	[ʉmber pi:rama]

inquisitie (de)	inkvisitsioon	[inkuisitsio:n]
inquisiteur (de)	inkvisiitor	[inkuisi:tor]
foltering (de)	piinamine	[pi:namine]
wreed (bn)	julm	[julʲm]
ketter (de)	ketser	[ketser]
ketterij (de)	ketserlus	[ketserlus]

zeevaart (de)	meresõit	[meresɜit]
piraat (de)	piraat	[pira:t]
piraterij (de)	piraatlus	[pira:tlus]
enteren (het)	abordaaž	[aborda:ʒ]

buit (de)	sõjasaak	[sɜjasa:k]
schatten (mv.)	aarded	[a:rdet]

ontdekking (de)	maadeavastamine	[ma:deauasʲtamine]
ontdekken (bijv. nieuw land)	avastama	[auasʲtama]
expeditie (de)	ekspeditsioon	[ekspeditsio:n]

musketier (de)	musketär	[musketær]
kardinaal (de)	kardinal	[kardinalʲ]
heraldiek (de)	heraldika	[heralʲdika]
heraldisch (bn)	heraldiline	[heralʲdiline]

159. Leider. Baas. Autoriteiten

koning (de)	kuningas	[kuningas]
koningin (de)	kuninganna	[kuninganna]
koninklijk (bn)	kuninglik	[kuninglik]
koninkrijk (het)	kuningriik	[kuningri:k]
prins (de)	prints	[prints]
prinses (de)	printsess	[printsess]
president (de)	president	[president]
vicepresident (de)	asepresident	[asepresident]
senator (de)	senaator	[sena:tor]
monarch (de)	monarh	[monarh]
heerser (de)	valitseja	[ʋalitseja]
dictator (de)	diktaator	[dikta:tor]
tiran (de)	türann	[tʉrann]
magnaat (de)	magnaat	[magna:t]
directeur (de)	direktor	[direktor]
chef (de)	šeff	[ʃeff]
beheerder (de)	juhataja	[juhataja]
baas (de)	boss	[boss]
eigenaar (de)	peremees	[pereme:s]
leider (de)	liider	[li:der]
hoofd	juht	[juht]
(bijv. ~ van de delegatie)		
autoriteiten (mv.)	võimud	[ʋɜimut]
superieuren (mv.)	juhtkond	[juhtkont]
gouverneur (de)	kuberner	[kuberner]
consul (de)	konsul	[konsulʲ]
diplomaat (de)	diplomaat	[diploma:t]
burgemeester (de)	linnapea	[linnapea]
sheriff (de)	šerif	[ʃerif]
keizer (bijv. Romeinse ~)	imperaator	[impera:tor]
tsaar (de)	tsaar	[tsa:r]
farao (de)	vaarao	[ʋa:rao]
kan (de)	khaan	[kha:n]

160. De wet overtreden. Criminelen. Deel 1

bandiet (de)	bandiit	[bandi:t]
misdaad (de)	kuritegu	[kuritegu]
misdadiger (de)	kurjategija	[kurjategija]
dief (de)	varas	[ʋaras]
stelen (ww)	varastama	[ʋarasʲtama]
stelen, diefstal (de)	vargus	[ʋargus]
kidnappen (ww)	röövima	[rø:ʋima]

| kidnapping (de) | inimröövel | [inimrø:ʊ] |
| kidnapper (de) | röövija | [rø:ʊija] |

| losgeld (het) | lunaraha | [lunaraha] |
| eisen losgeld (ww) | lunaraha nõudma | [lunaraha nɜudma] |

overvallen (ww)	röövima	[rø:ʊima]
overval (de)	rööv	[rø:ʊ]
overvaller (de)	röövel	[rø:ʊelʲ]

afpersen (ww)	välja pressima	[ʊælja pressima]
afperser (de)	väljapressija	[ʊæljapressija]
afpersing (de)	väljapressimine	[ʊæljapressimine]

vermoorden (ww)	tapma	[tapma]
moord (de)	mõrv	[mɜrʊ]
moordenaar (de)	mõrvar	[mɜrʊar]

schot (het)	lask	[lask]
een schot lossen	tulistama	[tulisʲtama]
neerschieten (ww)	maha laskma	[maha laskma]
schieten (ww)	tulistama	[tulisʲtama]
schieten (het)	laskmine	[laskmine]

ongeluk (gevecht, enz.)	juhtum	[juhtum]
gevecht (het)	kaklus	[kaklus]
Help!	Appi!	[appi!]
slachtoffer (het)	ohver	[ohʊer]

beschadigen (ww)	vigastama	[ʊigasʲtama]
schade (de)	vigastus	[ʊigasʲtus]
lijk (het)	laip	[laip]
zwaar (~ misdrijf)	ränk	[rænk]

aanvallen (ww)	kallale tungima	[kalʲæle tungima]
slaan (iemand ~)	lööma	[lø:ma]
in elkaar slaan (toetakelen)	läbi peksma	[lʲæbi peksma]
ontnemen (beroven)	ära võtma	[æra ʊɜtma]
steken (met een mes)	pussitama	[pussitama]
verminken (ww)	sandiks peksma	[sandiks peksma]
verwonden (ww)	haavama	[ha:ʊama]

chantage (de)	šantaaž	[ʃanta:ʒ]
chanteren (ww)	šantažeerima	[ʃantaʒe:rima]
chanteur (de)	šantažeerija	[ʃantaʒe:rija]

afpersing (de)	reket	[reket]
afperser (de)	väljapressija	[ʊæljapressija]
gangster (de)	gangster	[gangsʲter]
maffia (de)	maffia	[maffia]

kruimeldief (de)	taskuvaras	[taskuʊaras]
inbreker (de)	murdvaras	[murdʊaras]
smokkelen (het)	salakaubandus	[salakaubandus]
smokkelaar (de)	salakaubavedaja	[salakaubaʊedaja]
namaak (de)	võltsing	[ʊɜlʲtsing]

| namaken (ww) | võltsima | [ʋɜlʲtsima] |
| namaak-, vals (bn) | võltsitud | [ʋɜlʲtsitut] |

161. De wet overtreden. Criminelen. Deel 2

verkrachting (de)	vägistamine	[ʋægisʲtamine]
verkrachten (ww)	vägistama	[ʋægisʲtama]
verkrachter (de)	vägistaja	[ʋægisʲtaja]
maniak (de)	maniakk	[maniakk]

prostituee (de)	prostituut	[prosʲtitu:t]
prostitutie (de)	prostitutsioon	[prosʲtitutsio:n]
pooier (de)	sutenöör	[sutenø:r]

| drugsverslaafde (de) | narkomaan | [narkoma:n] |
| drugshandelaar (de) | narkokaupmees | [narkokaupme:s] |

opblazen (ww)	õhku laskma	[ɜhku laskma]
explosie (de)	plahvatus	[plahʋatus]
in brand steken (ww)	süütama	[su:tama]
brandstichter (de)	süütaja	[su:taja]

terrorisme (het)	terrorism	[terrorism]
terrorist (de)	terrorist	[terrorisʲt]
gijzelaar (de)	pantvang	[pantʋang]

bedriegen (ww)	petma	[petma]
bedrog (het)	pettus	[pettus]
oplichter (de)	petis	[petis]

omkopen (ww)	pistist andma	[pisʲtisʲt andma]
omkoperij (de)	pistise andmine	[pisʲtise andmine]
smeergeld (het)	altkäemaks	[alʲtkæəmaks]

vergif (het)	mürk	[mʉrk]
vergiftigen (ww)	mürgitama	[mʉrgitama]
vergif innemen (ww)	ennast mürgitama	[ennasʲt mʉrgitama]

| zelfmoord (de) | enesetapp | [enesetapp] |
| zelfmoordenaar (de) | enesetapja | [enesetapja] |

bedreigen (bijv. met een pistool)	ähvardama	[æhʋardamɑ]
bedreiging (de)	ähvardus	[æhʋardus]
een aanslag plegen	kallale kippuma	[kalʲæle kippuma]
aanslag (de)	elule kallalekippumine	[elule kalʲælekippumine]

| stelen (een auto) | ärandama | [ærandama] |
| kapen (een vliegtuig) | kaaperdama | [ka:perdama] |

wraak (de)	kättemaks	[kættemaks]
wreken (ww)	kätte maksma	[kætte maksma]
martelen (gevangenen)	piinama	[pi:nama]
foltering (de)	piinamine	[pi:namine]

folteren (ww)	vaevama	[υaeυama]
piraat (de)	piraat	[pira:t]
straatschender (de)	huligaan	[huliga:n]
gewapend (bn)	relvastatud	[relʲυasʲtatut]
geweld (het)	vägivald	[υægiυalʲt]
onwettig (strafbaar)	illegaalne	[ilʲega:lʲne]

spionage (de)	spionaaž	[spiona:ʒ]
spioneren (ww)	nuhkima	[nuhkima]

162. Politie. Wet. Deel 1

gerecht (het)	kohtumõistmine	[kohtumɜisʲtmine]
gerechtshof (het)	kohus	[kohus]

rechter (de)	kohtunik	[kohtunik]
jury (de)	vandemees	[υandeme:s]
juryrechtspraak (de)	vandemeeste kohus	[υandeme:sʲte kohus]
berechten (ww)	kohut mõistma	[kohut mɜisʲtma]

advocaat (de)	advokaat	[adυoka:t]
beklaagde (de)	kohtualune	[kohtualune]
beklaagdenbank (de)	kohtupink	[kohtupink]

beschuldiging (de)	süüdistus	[sʉ:disʲtus]
beschuldigde (de)	süüdistatav	[sʉ:disʲtataυ]

vonnis (het)	kohtuotsus	[kohtuotsus]
veroordelen (in een rechtszaak)	süüdi mõistma	[sʉ:di mɜisʲtma]

schuldige (de)	süüdlane	[sʉ:tlane]
straffen (ww)	karistama	[karisʲtama]
bestraffing (de)	karistus	[karisʲtus]

boete (de)	trahv	[trahυ]
levenslange opsluiting (de)	eluaegne vanglakaristus	[eluaegne υanglakarisʲtus]
doodstraf (de)	surmanuhtlus	[surmanuhtlus]
elektrische stoel (de)	elektritool	[elektrito:lʲ]
schavot (het)	võllas	[υɜlʲæs]

executeren (ww)	hukkama	[hukkama]
executie (de)	hukkamine	[hukkamine]

gevangenis (de)	vangla	[υangla]
cel (de)	vangikong	[υangikong]

konvooi (het)	konvoi	[konυoj]
gevangenisbewaker (de)	vangivalvur	[υangiυalʲυur]
gedetineerde (de)	vang	[υang]

handboeien (mv.)	käerauad	[kæerauat]
handboeien omdoen	käsi raudu panema	[kæsi raudu panema]
ontsnapping (de)	põgenemine	[pɜgenemine]

ontsnappen (ww)	põgenema	[pɜgenema]
verdwijnen (ww)	kadunuks jääma	[kadunuks jæ:ma]
vrijlaten (uit de gevangenis)	vabastama	[uabasʲtama]
amnestie (de)	amnestia	[amnesʲtia]

politie (de)	politsei	[politsej]
politieagent (de)	politseinik	[politsejnik]
politiebureau (het)	politseijaoskond	[politsejjaoskont]
knuppel (de)	kumminui	[kumminui]
megafoon (de)	ruupor	[ru:por]

patrouilleerwagen (de)	patrullauto	[patrulʲæuto]
sirene (de)	sireen	[sire:n]
de sirene aansteken	sireeni sisse lülitama	[sire:ni sisse lʉlitama]
geloei (het) van de sirene	sireen heli	[sire:n heli]

plaats delict (de)	sündmuspaik	[sʉndmuspaik]
getuige (de)	tunnistaja	[tunnisʲtaja]
vrijheid (de)	vabadus	[uabadus]
handlanger (de)	kaasosaline	[ka:sosaline]
ontvluchten (ww)	varjuma	[uarjuma]
spoor (het)	jälg	[jælʲg]

163. Politie. Wet. Deel 2

opsporing (de)	tagaotsimine	[tagaotsimine]
opsporen (ww)	otsima ...	[otsima ...]
verdenking (de)	kahtlustus	[kahtlusʲtus]
verdacht (bn)	kahtlane	[kahtlane]
aanhouden (stoppen)	peatama	[peatama]
tegenhouden (ww)	kinni pidama	[kinni pidama]

strafzaak (de)	kohtuasi	[kohtuasi]
onderzoek (het)	uurimine	[u:rimine]
detective (de)	detektiiv	[detekti:u]
onderzoeksrechter (de)	uurija	[u:rija]
versie (de)	versioon	[uersio:n]

motief (het)	motiiv	[moti:u]
verhoor (het)	ülekuulamine	[ʉleku:lamine]
ondervragen (door de politie)	üle kuulama	[ʉle ku:lama]
ondervragen (omstanders ~)	küsitlema	[kʉsitlema]
controle (de)	kontrollimine	[kontrolʲimine]

razzia (de)	haarang	[ha:rang]
huiszoeking (de)	läbiotsimine	[lʲæbiotsimine]
achtervolging (de)	tagaajamine	[taga:jamine]
achtervolgen (ww)	jälitama	[jælitama]
opsporen (ww)	jälgima	[jælʲgima]

arrest (het)	arest	[aresʲt]
arresteren (ww)	arreteerima	[arrete:rima]
vangen, aanhouden (een dief, enz.)	kinni võtma	[kinni uɜtma]

aanhouding (de)	**kinnivõtmine**	[kinniʊɜtmine]
document (het)	**dokument**	[dokument]
bewijs (het)	**tõestus**	[tɜesʲtus]
bewijzen (ww)	**tõestama**	[tɜesʲtama]
voetspoor (het)	**jälg**	[jælʲg]
vingerafdrukken (mv.)	**sõrmejäljed**	[sɜrmejæljet]
bewijs (het)	**süütõend**	[sʉːtɜent]
alibi (het)	**alibi**	[alibi]
onschuldig (bn)	**süütu**	[sʉːtu]
onrecht (het)	**ebaõiglus**	[ebaɜiglus]
onrechtvaardig (bn)	**ebaõiglane**	[ebaɜiglane]
crimineel (bn)	**kriminaalne**	[krimina:lʲne]
confisqueren	**konfiskeerima**	[konfiske:rima]
(in beslag nemen)		
drug (de)	**narkootik**	[narko:tik]
wapen (het)	**relv**	[relʲʊ]
ontwapenen (ww)	**relvituks tegema**	[relʲʊituks tegema]
bevelen (ww)	**käskima**	[kæskima]
verdwijnen (ww)	**ära kaduma**	[æra kaduma]
wet (de)	**seadus**	[seadus]
wettelijk (bn)	**seaduslik**	[seaduslik]
onwettelijk (bn)	**ebaseaduslik**	[ebaseaduslik]
verantwoordelijkheid (de)	**vastutus**	[ʊasʲtutus]
verantwoordelijk (bn)	**vastutama**	[ʊasʲtutama]

NATUUR

De Aarde. Deel 1

164. De kosmische ruimte

kosmos (de)	kosmos	[kosmos]
kosmisch (bn)	kosmiline	[kosmiline]
kosmische ruimte (de)	maailmaruum	[maːilʲmaruːm]
wereld (de)	maailm	[maːilʲm]
heelal (het)	universum	[universum]
sterrenstelsel (het)	galaktika	[galaktika]
ster (de)	täht	[tæht]
sterrenbeeld (het)	tähtkuju	[tæhtkuju]
planeet (de)	planeet	[planeːt]
satelliet (de)	satelliit	[satelʲiːt]
meteoriet (de)	meteoriit	[meteoriːt]
komeet (de)	komeet	[komeːt]
asteroïde (de)	asteroid	[asʲterojt]
baan (de)	orbiit	[orbiːt]
draaien (om de zon, enz.)	keerlema	[keːrlema]
atmosfeer (de)	atmosfäär	[atmosfæːr]
Zon (de)	Päike	[pæjke]
zonnestelsel (het)	Päikesesüsteem	[pæjkesesüsʲteːm]
zonsverduistering (de)	päiksevarjutus	[pæjksevarjutus]
Aarde (de)	Maa	[maː]
Maan (de)	Kuu	[kuː]
Mars (de)	Marss	[marss]
Venus (de)	Veenus	[veːnus]
Jupiter (de)	Jupiter	[jupiter]
Saturnus (de)	Saturn	[saturn]
Mercurius (de)	Merkuur	[merkuːr]
Uranus (de)	Uraan	[uraːn]
Neptunus (de)	Neptuun	[neptuːn]
Pluto (de)	Pluuto	[pluːto]
Melkweg (de)	Linnutee	[linnuteː]
Grote Beer (de)	Suur Vanker	[suːr vanker]
Poolster (de)	Põhjanael	[pɜhjanaelʲ]
marsmannetje (het)	marslane	[marslane]
buitenaards wezen (het)	võõra planeedi asukas	[vɜːra planeːdi asukas]

| bovenaards (het) | tulnukas | [tulʲnukas] |
| vliegende schotel (de) | lendav taldrik | [lendau talʲdrik] |

ruimtevaartuig (het)	kosmoselaev	[kosmoselaeu]
ruimtestation (het)	orbitaaljaam	[orbita:lja:m]
start (de)	start	[sʲtart]

motor (de)	mootor	[mo:tor]
straalpijp (de)	düüs	[dʉ:s]
brandstof (de)	kütus	[kʉtus]

cabine (de)	kabiin	[kabi:n]
antenne (de)	antenn	[antenn]
patrijspoort (de)	illuminaator	[ilʲumina:tor]
zonnebatterij (de)	päikesepatarei	[pæjkesepatarej]
ruimtepak (het)	skafander	[skafander]

| gewichtloosheid (de) | kaaluta olek | [ka:luta olek] |
| zuurstof (de) | hapnik | [hapnik] |

| koppeling (de) | põkkumine | [pɜkkumine] |
| koppeling maken | põkkama | [pɜkkama] |

observatorium (het)	observatoorium	[obseruato:rium]
telescoop (de)	teleskoop	[telesko:p]
waarnemen (ww)	jälgima	[jælʲgima]
exploreren (ww)	uurima	[u:rima]

165. De Aarde

Aarde (de)	Maa	[ma:]
aardbol (de)	maakera	[ma:kera]
planeet (de)	planeet	[plane:t]

atmosfeer (de)	atmosfäär	[atmosfæ:r]
aardrijkskunde (de)	geograafia	[geogra:fia]
natuur (de)	loodus	[lo:dus]

wereldbol (de)	gloobus	[glo:bus]
kaart (de)	kaart	[ka:rt]
atlas (de)	atlas	[atlas]

| Europa (het) | Euroopa | [euro:pa] |
| Azië (het) | Aasia | [a:sia] |

| Afrika (het) | Aafrika | [a:frika] |
| Australië (het) | Austraalia | [ausʲtra:lia] |

Amerika (het)	Ameerika	[ame:rika]
Noord-Amerika (het)	Põhja-Ameerika	[pɜhja-ame:rika]
Zuid-Amerika (het)	Lõuna-Ameerika	[lɜuna-ame:rika]

| Antarctica (het) | Antarktis | [antarktis] |
| Arctis (de) | Arktika | [arktika] |

166. Windrichtingen

noorden (het)	põhi	[pɜhi]
naar het noorden	põhja	[pɜhja]
in het noorden	põhjas	[pɜhjas]
noordelijk (bn)	põhja-	[pɜhja-]
zuiden (het)	lõuna	[lɜuna]
naar het zuiden	lõunasse	[lɜunasse]
in het zuiden	lõunas	[lɜunas]
zuidelijk (bn)	lõuna-	[lɜuna-]
westen (het)	lääs	[lʲæ:s]
naar het westen	läände	[lʲæ:nde]
in het westen	läänes	[lʲæ:nes]
westelijk (bn)	lääne-	[lʲæ:ne-]
oosten (het)	ida	[ida]
naar het oosten	itta	[itta]
in het oosten	idas	[idas]
oostelijk (bn)	ida-	[ida-]

167. Zee. Oceaan

zee (de)	meri	[meri]
oceaan (de)	ookean	[o:kean]
golf (baai)	laht	[laht]
straat (de)	väin	[ʋæjn]
grond (vaste grond)	maismaa	[maisma:]
continent (het)	manner	[manner]
eiland (het)	saar	[sa:r]
schiereiland (het)	poolsaar	[po:lʲsa:r]
archipel (de)	arhipelaag	[arhipela:g]
baai, bocht (de)	laht	[laht]
haven (de)	sadam	[sadam]
lagune (de)	laguun	[lagu:n]
kaap (de)	neem	[ne:m]
atol (de)	atoll	[atolʲ]
rif (het)	riff	[riff]
koraal (het)	korall	[koralʲ]
koraalrif (het)	korallrahu	[koralʲrahu]
diep (bn)	sügav	[sɨgaʊ]
diepte (de)	sügavus	[sɨgaʊus]
diepzee (de)	sügavik	[sɨgaʊik]
trog (bijv. Marianentrog)	nõgu	[nɜgu]
stroming (de)	hoovus	[ho:ʊus]
omspoelen (ww)	uhtuma	[uhtuma]
oever (de)	rand	[rant]

157

kust (de)	rannik	[rannik]
vloed (de)	tõus	[tɜus]
eb (de)	mõõn	[mɜːn]
ondiepte (ondiep water)	madalik	[madalik]
bodem (de)	põhi	[pɜhi]

golf (hoge ~)	laine	[laine]
golfkam (de)	lainehari	[lainehari]
schuim (het)	vaht	[ʋaht]

storm (de)	torm	[torm]
orkaan (de)	orkaan	[orkaːn]
tsunami (de)	tsunami	[tsunami]
windstilte (de)	tuulevaikus	[tuːleʋaikus]
kalm (bijv. ~e zee)	rahulik	[rahulik]

| pool (de) | poolus | [poːlus] |
| polair (bn) | polaar- | [polaːr-] |

breedtegraad (de)	laius	[laius]
lengtegraad (de)	pikkus	[pikkus]
parallel (de)	paralleel	[paralʲeːlʲ]
evenaar (de)	ekvaator	[ekʋaːtor]

hemel (de)	taevas	[taeʋas]
horizon (de)	silmapiir	[silʲmapiːr]
lucht (de)	õhk	[ɜhk]

vuurtoren (de)	majakas	[majakas]
duiken (ww)	sukelduma	[sukelʲduma]
zinken (ov. een boot)	uppuma	[uppuma]
schatten (mv.)	aarded	[aːrdet]

168. Bergen

berg (de)	mägi	[mægi]
bergketen (de)	mäeahelik	[mæeahelik]
gebergte (het)	mäeahelik	[mæeahelik]

bergtop (de)	tipp	[tipp]
bergpiek (de)	mäetipp	[mæeatipp]
voet (ov. de berg)	jalam	[jalam]
helling (de)	nõlv	[nɜlʲʋ]

vulkaan (de)	vulkaan	[ʋulʲkaːn]
actieve vulkaan (de)	tegutsev vulkaan	[tegutseʋ ʋulʲkaːn]
uitgedoofde vulkaan (de)	kustunud vulkaan	[kusʲtunut ʋulʲkaːn]

uitbarsting (de)	vulkaanipurse	[ʋulʲkaːnipurse]
krater (de)	kraater	[kraːter]
magma (het)	magma	[magma]
lava (de)	laava	[laːʋa]
gloeiend (~e lava)	hõõguv	[hɜːguʋ]
kloof (canyon)	kanjon	[kanjon]

bergkloof (de)	kuristik, taarn	[kuris'tik, ta:rn]
spleet (de)	kaljulõhe	[kaljulзhe]
afgrond (de)	kuristik	[kuris'tik]

bergpas (de)	kuru	[kuru]
plateau (het)	platoo	[plato:]
klip (de)	kalju	[kalju]
heuvel (de)	küngas	[kɯngas]

gletsjer (de)	liustik	[lius'tik]
waterval (de)	juga	[juga]
geiser (de)	geiser	[gejser]
meer (het)	järv	[jærʋ]

vlakte (de)	lausmaa	[lausma:]
landschap (het)	maastik	[ma:s'tik]
echo (de)	kaja	[kaja]

alpinist (de)	alpinist	[al'pinis't]
bergbeklimmer (de)	kaljuronija	[kaljuronija]
trotseren (berg ~)	vallutama	[ual'utama]
beklimming (de)	mäkketõus	[mækketзus]

169. Rivieren

rivier (de)	jõgi	[jзgi]
bron (~ van een rivier)	allikas	[al'ikas]
rivierbedding (de)	säng	[sæng]
rivierbekken (het)	bassein	[bassejn]
uitmonden in ...	suubuma	[su:buma]

| zijrivier (de) | lisajõgi | [lisajзgi] |
| oever (de) | kallas | [kal'æs] |

stroming (de)	vool	[ʋo:lʲ]
stroomafwaarts (bw)	allavoolu	[al'æʋo:lu]
stroomopwaarts (bw)	ülesvoolu	[ɯlesʋo:lu]

overstroming (de)	üleujutus	[ɯleujutus]
overstroming (de)	suurvesi	[su:rʋesi]
buiten zijn oevers treden	üle ujutama	[ɯle ujutama]
overstromen (ww)	uputama	[uputama]

| zandbank (de) | madalik | [madalik] |
| stroomversnelling (de) | lävi | [lʲæʋi] |

dam (de)	pais	[pais]
kanaal (het)	kanal	[kanalʲ]
spaarbekken (het)	veehoidla	[ʋe:hojtla]
sluis (de)	lüüs	[lɯ:s]

waterlichaam (het)	veekogu	[ʋe:kogu]
moeras (het)	soo	[so:]
broek (het)	õõtssoo	[зːtsso:]

draaikolk (de)	veekeeris	[ʋe:ke:ris]
stroom (de)	oja	[oja]
drink- (abn)	joogi-	[jo:gi-]
zoet (~ water)	mage-	[mage-]

IJs (het)	jää	[jæ:]
bevriezen (rivier, enz.)	külmuma	[kʉlʲmuma]

170. Bos

bos (het)	mets	[mets]
bos- (abn)	metsa-	[metsa-]

oerwoud (dicht bos)	tihnik	[tihnik]
bosje (klein bos)	salu	[salu]
open plek (de)	lagendik	[lagendik]

struikgewas (het)	padrik	[padrik]
struiken (mv.)	põõsastik	[pɜ:sasʲtik]

paadje (het)	jalgrada	[jalʲgrada]
ravijn (het)	jäärak	[jæ:rak]

boom (de)	puu	[pu:]
blad (het)	leht	[leht]
gebladerte (het)	lehestik	[lehesʲtik]

vallende bladeren (mv.)	lehtede langemine	[lehtede langemine]
vallen (ov. de bladeren)	langema	[langema]
boomtop (de)	latv	[latʋ]

tak (de)	oks	[oks]
ent (de)	oks	[oks]
knop (de)	pung	[pung]
naald (de)	okas	[okas]
dennenappel (de)	käbi	[kæbi]

boom holte (de)	puuõõs	[pu:ɜ:s]
nest (het)	pesa	[pesa]
hol (het)	urg	[urg]

stam (de)	tüvi	[tʉʋi]
wortel (bijv. boom~s)	juur	[ju:r]
schors (de)	koor	[ko:r]
mos (het)	sammal	[sammalʲ]

ontwortelen (een boom)	juurima	[ju:rima]
kappen (een boom ~)	raiuma	[raiuma]
ontbossen (ww)	maha raiuma	[maha raiuma]
stronk (de)	känd	[kænt]

kampvuur (het)	lõke	[lɜke]
bosbrand (de)	tulekahju	[tulekahju]
blussen (ww)	kustutama	[kusʲtutama]

boswachter (de)	metsavaht	[metsaʋaht]
bescherming (de)	taimekaitse	[taimekaitse]
beschermen	looduskaitse	[lo:duskaitse]
(bijv. de natuur ~)		
stroper (de)	salakütt	[salakʉtt]
val (de)	püünis	[pʉ:nis]

| plukken (vruchten, enz.) | korjama | [korjama] |
| verdwalen (de weg kwijt zijn) | ära eksima | [æra eksima] |

171. Natuurlijke hulpbronnen

natuurlijke rijkdommen (mv.)	loodusvarad	[lo:dusʋarat]
delfstoffen (mv.)	maavarad	[ma:ʋarat]
lagen (mv.)	lademed	[lademet]
veld (bijv. olie~)	leiukoht	[lejukoht]

winnen (uit erts ~)	kaevandama	[kaeʋandama]
winning (de)	kaevandamine	[kaeʋandamine]
erts (het)	maak	[ma:k]
mijn (bijv. kolenmijn)	kaevandus	[kaeʋandus]
mijnschacht (de)	šaht	[ʃaht]
mijnwerker (de)	kaevur	[kaeʋur]

gas (het)	gaas	[ga:s]
gasleiding (de)	gaasijuhe	[ga:sijuhe]
olie (aardolie)	nafta	[nafta]
olieleiding (de)	naftajuhe	[naftajuhe]
oliebron (de)	nafta puurtorn	[nafta pu:rtorn]
boortoren (de)	puurtorn	[pu:rtorn]
tanker (de)	tanker	[tanker]

zand (het)	liiv	[li:ʋ]
kalksteen (de)	paekivi	[paekiʋi]
grind (het)	kruus	[kru:s]
veen (het)	turvas	[turʋas]
klei (de)	savi	[saʋi]
steenkool (de)	süsi	[sʉsi]

IJzer (het)	raud	[raut]
goud (het)	kuld	[kulʲt]
zilver (het)	hõbe	[hɔbe]
nikkel (het)	nikkel	[nikkelʲ]
koper (het)	vask	[ʋask]

zink (het)	tsink	[tsink]
mangaan (het)	mangaan	[manga:n]
kwik (het)	elavhõbe	[elaʋhɔbe]
lood (het)	seatina	[seatina]

mineraal (het)	mineraal	[minera:lʲ]
kristal (het)	kristall	[krisʲtalʲ]
marmer (het)	marmor	[marmor]
uraan (het)	uraan	[ura:n]

De Aarde. Deel 2

172. Weer

weer (het)	ilm	[ilʲm]
weersvoorspelling (de)	ilmaennustus	[ilʲmaennusʲtus]
temperatuur (de)	temperatuur	[temperatuːr]
thermometer (de)	kraadiklaas	[kraːdiklaːs]
barometer (de)	baromeeter	[baromeːter]
vochtig (bn)	niiske	[niːske]
vochtigheid (de)	niiskus	[niːskus]
hitte (de)	kuumus	[kuːmus]
heet (bn)	kuum	[kuːm]
het is heet	on kuum	[on kuːm]
het is warm	soojus	[soːjus]
warm (bn)	soe	[soe]
het is koud	on külm	[on kʉlʲm]
koud (bn)	külm	[kʉlʲm]
zon (de)	päike	[pæjke]
schijnen (de zon)	paistma	[paisʲtma]
zonnig (~e dag)	päikseline	[pæjkseline]
opgaan (ov. de zon)	tõusma	[tɜusma]
ondergaan (ww)	loojuma	[loːjuma]
wolk (de)	pilv	[pilʲu]
bewolkt (bn)	pilves	[pilʲues]
regenwolk (de)	pilv	[pilʲu]
somber (bn)	sompus	[sompus]
regen (de)	vihm	[uihm]
het regent	vihma sajab	[uihma sajab]
regenachtig (bn)	vihmane	[uihmane]
motregenen (ww)	tibutama	[tibutama]
plensbui (de)	paduvihm	[paduuihm]
stortbui (de)	hoovihm	[hoːuihm]
hard (bn)	tugev	[tugeu]
plas (de)	lomp	[lomp]
nat worden (ww)	märjaks saama	[mærjaks saːma]
mist (de)	udu	[udu]
mistig (bn)	udune	[udune]
sneeuw (de)	lumi	[lumi]
het sneeuwt	lund sajab	[lunt sajab]

173. Zwaar weer. Natuurrampen

noodweer (storm)	äike	[æjke]
bliksem (de)	välk	[ʋælʲk]
flitsen (ww)	välku lööma	[ʋælʲku løːma]
donder (de)	kõu	[kɜu]
donderen (ww)	müristama	[mʉrisʲtama]
het dondert	müristab	[mʉrisʲtab]
hagel (de)	rahe	[rahe]
het hagelt	rahet sajab	[rahet sajab]
overstromen (ww)	üle ujutama	[ʉle ujutama]
overstroming (de)	üleujutus	[ʉleujutus]
aardbeving (de)	maavärin	[maːʋærin]
aardschok (de)	tõuge	[tɜuge]
epicentrum (het)	epitsenter	[epitsenter]
uitbarsting (de)	vulkaanipurse	[ʋulʲkaːnipurse]
lava (de)	laava	[laːʋa]
wervelwind (de)	tromb	[tromb]
windhoos (de)	tornaado	[tornaːdo]
tyfoon (de)	taifuun	[taifuːn]
orkaan (de)	orkaan	[orkaːn]
storm (de)	torm	[torm]
tsunami (de)	tsunami	[tsunami]
cycloon (de)	tsüklon	[tsʉklon]
onweer (het)	halb ilm	[halʲb ilʲm]
brand (de)	tulekahju	[tulekahju]
ramp (de)	katastroof	[katasʲtroːf]
meteoriet (de)	meteoriit	[meteoriːt]
lawine (de)	laviin	[laʋiːn]
sneeuwverschuiving (de)	varing	[ʋaring]
sneeuwjacht (de)	lumetorm	[lumetorm]
sneeuwstorm (de)	tuisk	[tuisk]

Fauna

174. Zoogdieren. Roofdieren

roofdier (het)	kiskja	[kiskja]
tijger (de)	tiiger	[tiːger]
leeuw (de)	lõvi	[lɜʋi]
wolf (de)	hunt	[hunt]
vos (de)	rebane	[rebane]
jaguar (de)	jaaguar	[jaːguar]
luipaard (de)	leopard	[leopart]
jachtluipaard (de)	gepard	[gepart]
panter (de)	panter	[panter]
poema (de)	puuma	[puːma]
sneeuwluipaard (de)	lumeleopard	[lumeleopart]
lynx (de)	ilves	[ilʲʋes]
coyote (de)	koiott	[kojott]
jakhals (de)	šaakal	[ʃaːkalʲ]
hyena (de)	hüään	[hʉæːn]

175. Wilde dieren

dier (het)	loom	[loːm]
beest (het)	metsloom	[metsloːm]
eekhoorn (de)	orav	[oraʋ]
egel (de)	siil	[siːlʲ]
haas (de)	jänes	[jænes]
konijn (het)	küülik	[kʉːlik]
das (de)	mäger	[mæger]
wasbeer (de)	pesukaru	[pesukaru]
hamster (de)	hamster	[hamsʲter]
marmot (de)	koopaorav	[koːpaoraʋ]
mol (de)	mutt	[mutt]
muis (de)	hiir	[hiːr]
rat (de)	rott	[rott]
vleermuis (de)	nahkhiir	[nahkhiːr]
hermelijn (de)	kärp	[kærp]
sabeldier (het)	soobel	[soːbelʲ]
marter (de)	nugis	[nugis]
wezel (de)	nirk	[nirk]
nerts (de)	naarits	[naːrits]

| bever (de) | kobras | [kobras] |
| otter (de) | saarmas | [sa:rmas] |

paard (het)	hobune	[hobune]
eland (de)	põder	[pɜder]
hert (het)	põhjapõder	[pɜhjapɜder]
kameel (de)	kaamel	[ka:melʲ]

bizon (de)	piison	[pi:son]
oeros (de)	euroopa piison	[euro:pa pi:son]
buffel (de)	pühvel	[pʉhʋelʲ]

zebra (de)	sebra	[sebra]
antilope (de)	antiloop	[antilo:p]
ree (de)	metskits	[metskits]
damhert (het)	kabehirv	[kabehirʋ]
gems (de)	mägikits	[mægikits]
everzwijn (het)	metssiga	[metssiga]

walvis (de)	vaal	[ʋa:lʲ]
rob (de)	hüljes	[hʉljes]
walrus (de)	merihobu	[merihobu]
zeehond (de)	kotik	[kotik]
dolfijn (de)	delfiin	[delfi:n]

beer (de)	karu	[karu]
IJsbeer (de)	jääkaru	[jæ:karu]
panda (de)	panda	[panda]

aap (de)	ahv	[ahʋ]
chimpansee (de)	šimpans	[ʃimpans]
orang-oetan (de)	orangutang	[orangutang]
gorilla (de)	gorilla	[gorilʲæ]
makaak (de)	makaak	[maka:k]
gibbon (de)	gibon	[gibon]

olifant (de)	elevant	[eleʋant]
neushoorn (de)	ninasarvik	[ninasarʋik]
giraffe (de)	kaelkirjak	[kaelʲkirjak]
nijlpaard (het)	jõehobu	[jɜehobu]

| kangoeroe (de) | känguru | [kænguru] |
| koala (de) | koaala | [koa:la] |

mangoest (de)	mangust	[mangusʲt]
chinchilla (de)	tšintšilja	[tʃintʃilja]
stinkdier (het)	skunk	[skunk]
stekelvarken (het)	okassiga	[okassiga]

176. Huisdieren

poes (de)	kass	[kass]
kater (de)	kass	[kass]
hond (de)	koer	[koer]

paard (het)	hobune	[hobune]
hengst (de)	täkk	[tækk]
merrie (de)	mära	[mæra]

koe (de)	lehm	[lehm]
stier (de)	pull	[pulʲ]
os (de)	härg	[hærg]

schaap (het)	lammas	[lammas]
ram (de)	oinas	[ojnas]
geit (de)	kits	[kits]
bok (de)	sokk	[sokk]

| ezel (de) | eesel | [e:selʲ] |
| muilezel (de) | muul | [mu:lʲ] |

varken (het)	siga	[siga]
biggetje (het)	põrsas	[pɜrsas]
konijn (het)	küülik	[kʉ:lik]

| kip (de) | kana | [kana] |
| haan (de) | kukk | [kukk] |

eend (de)	part	[part]
woerd (de)	sinikaelpart	[sinikaelʲpart]
gans (de)	hani	[hani]

| kalkoen haan (de) | kalkun | [kalʲkun] |
| kalkoen (de) | kalkun | [kalʲkun] |

huisdieren (mv.)	koduloomad	[kodulo:mat]
tam (bijv. hamster)	kodustatud	[kodusˈtatut]
temmen (tam maken)	taltsutama	[talˈtsutama]
fokken (bijv. paarden ~)	üles kasvatama	[ʉles kasʋatama]

boerderij (de)	farm	[farm]
gevogelte (het)	kodulinnud	[kodulinnut]
rundvee (het)	kariloomad	[karilo:mat]
kudde (de)	kari	[kari]

paardenstal (de)	hobusetall	[hobusetalʲ]
zwijnenstal (de)	sigala	[sigala]
koeienstal (de)	lehmalaut	[lehmalaut]
konijnenhok (het)	küülikukasvandus	[kʉ:likukasʋandus]
kippenhok (het)	kanala	[kanala]

177. Honden. Hondenrassen

hond (de)	koer	[koer]
herdershond (de)	lambakoer	[lambakoer]
Duitse herdershond (de)	saksa lambakoer	[saksa lambakoer]
poedel (de)	puudel	[pu:delʲ]
teckel (de)	taksikoer	[taksikoer]
buldog (de)	buldog	[bulʲdog]

boxer (de)	bokser	[bokser]
mastiff (de)	Mastif	[masⁱtif]
rottweiler (de)	Rotveiler	[rotʋejler]
doberman (de)	dobermann	[dobermann]

basset (de)	basset	[basset]
bobtail (de)	vana-inglise lambakoer	[ʋana-inglise lambakoer]
dalmatièr (de)	Dalmaatsia koer	[dalⁱma:tsia koer]
cockerspaniël (de)	kokkerspanjel	[kokkerspanjelⁱ]

| newfoundlander (de) | Newfoundlandi koer | [njufauntlandi koer] |
| sint-bernard (de) | bernhardiin | [bernhardi:n] |

poolhond (de)	siberi husky	[siberi husky]
chowchow (de)	Tšau-tšau	[tʃau-tʃau]
spits (de)	spits	[spits]
mopshond (de)	mops	[mops]

178. Dierengeluiden

geblaf (het)	haukumine	[haukumine]
blaffen (ww)	haukuma	[haukuma]
miauwen (ww)	näuguma	[næuguma]
spinnen (katten)	nurru lööma	[nurru lø:ma]

loeien (ov. een koe)	ammuma	[ammuma]
brullen (stier)	möirgama	[møirgama]
grommen (ov. de honden)	urisema	[urisema]

gehuil (het)	ulg	[ulⁱg]
huilen (wolf, enz.)	ulguma	[ulⁱguma]
janken (ov. een hond)	niutsuma	[niutsuma]

mekkeren (schapen)	määgima	[mæ:gima]
knorren (varkens)	röhkima	[røhkima]
gillen (bijv. varken)	vinguma	[ʋinguma]

kwaken (kikvorsen)	krooksuma	[kro:ksuma]
zoemen (hommel, enz.)	vinguma	[ʋinguma]
tjirpen (sprinkhanen)	siristama	[sirisⁱtama]

179. Vogels

vogel (de)	lind	[lint]
duif (de)	tuvi	[tuʋi]
mus (de)	varblane	[ʋarblane]
koolmees (de)	tihane	[tihane]
ekster (de)	harakas	[harakas]

raaf (de)	ronk	[ronk]
kraai (de)	vares	[ʋares]
kauw (de)	hakk	[hakk]

roek (de)	künnivares	[kɑnniʋares]
eend (de)	part	[part]
gans (de)	hani	[hani]
fazant (de)	faasan	[fa:san]
arend (de)	kotkas	[kotkas]
havik (de)	kull	[kulʲ]
valk (de)	kotkas	[kotkas]
gier (de)	raisakull	[raisakulʲ]
condor (de)	kondor	[kondor]
zwaan (de)	luik	[luik]
kraanvogel (de)	kurg	[kurg]
ooievaar (de)	toonekurg	[to:nekurg]
papegaai (de)	papagoi	[papagoj]
kolibrie (de)	koolibri	[ko:libri]
pauw (de)	paabulind	[pa:bulint]
struisvogel (de)	jaanalind	[ja:nalint]
reiger (de)	haigur	[haigur]
flamingo (de)	flamingo	[flamingo]
pelikaan (de)	pelikan	[pelikan]
nachtegaal (de)	ööbik	[ø:bik]
zwaluw (de)	suitsupääsuke	[suitsupæ:suke]
lijster (de)	rästas	[ræsʲtas]
zanglijster (de)	laulurästas	[lauluræsʲtas]
merel (de)	musträstas	[musʲtræsʲtas]
gierzwaluw (de)	piiripääsuke	[pi:ripæ:suke]
leeuwerik (de)	lõoke	[lɜoke]
kwartel (de)	vutt	[ʋutt]
specht (de)	rähn	[ræhn]
koekoek (de)	kägu	[kægu]
uil (de)	öökull	[ø:kulʲ]
oehoe (de)	kakk	[kakk]
auerhoen (het)	metsis	[metsis]
korhoen (het)	teder	[teder]
patrijs (de)	põldpüü	[pɜlʲtpʉ:]
spreeuw (de)	kuldnokk	[kulʲdnokk]
kanarie (de)	kanaarilind	[kana:rilint]
hazelhoen (het)	laanepüü	[la:nepʉ:]
vink (de)	metsvint	[metsʋint]
goudvink (de)	leevike	[le:ʋike]
meeuw (de)	kajakas	[kajakas]
albatros (de)	albatross	[alʲbatross]
pinguïn (de)	pingviin	[pingʋi:n]

180. Vogels. Zingen en geluiden

fluiten, zingen (ww)	laulma	[laulˈma]
schreeuwen (dieren, vogels)	karjuma	[karjuma]
kraaien (ov. een haan)	kirema	[kirema]
kukeleku	kikerikii	[kikeriki:]

klokken (hen)	kaagutama	[ka:gutama]
krassen (kraai)	kraaksuma	[kra:ksuma]
kwaken (eend)	prääksuma	[præ:ksuma]
piepen (kuiken)	piiksuma	[pi:ksuma]
tjilpen (bijv. een mus)	siristama	[sirisˈtama]

181. Vis. Zeedieren

brasem (de)	latikas	[latikas]
karper (de)	karpkala	[karpkala]
baars (de)	ahven	[ahʋen]
meerval (de)	säga	[sæga]
snoek (de)	haug	[haug]

zalm (de)	lõhe	[lɜhe]
steur (de)	tuurakala	[tu:rakala]

haring (de)	heeringas	[he:ringas]
atlantische zalm (de)	väärislõhe	[ʋæ:rislɜhe]
makreel (de)	skumbria	[skumbria]
platvis (de)	lest	[lesˈt]

snoekbaars (de)	kohakala	[kohakala]
kabeljauw (de)	tursk	[tursk]
tonijn (de)	tuunikala	[tu:nikala]
forel (de)	forell	[forelʲ]

paling (de)	angerjas	[angerjas]
sidderrog (de)	elektrirai	[elektrirai]
murene (de)	mureen	[mure:n]
piranha (de)	piraaja	[pira:ja]

haai (de)	haikala	[haikala]
dolfijn (de)	delfiin	[delfi:n]
walvis (de)	vaal	[ʋa:lʲ]

krab (de)	krabi	[krabi]
kwal (de)	meduus	[medu:s]
octopus (de)	kaheksajalg	[kaheksajalʲg]

zeester (de)	meritäht	[meritæht]
zee-egel (de)	merisiil	[merisi:lʲ]
zeepaardje (het)	merihobuke	[merihobuke]

oester (de)	auster	[ausˈter]
garnaal (de)	krevett	[kreʋett]

| kreeft (de) | homaar | [homa:r] |
| langoest (de) | langust | [langusʲt] |

182. Amfibieën. Reptielen

| slang (de) | uss | [uss] |
| giftig (slang) | mürgine | [mʉrgine] |

adder (de)	rästik	[ræsʲtik]
cobra (de)	kobra	[kobra]
python (de)	püüton	[pʉ:ton]
boa (de)	boamadu	[boamadu]

ringslang (de)	nastik	[nasʲtik]
ratelslang (de)	lõgismadu	[lɜgismadu]
anaconda (de)	anakonda	[anakonda]

hagedis (de)	sisalik	[sisalik]
leguaan (de)	iguaan	[igua:n]
varaan (de)	varaan	[ʋara:n]
salamander (de)	salamander	[salamander]
kameleon (de)	kameeleon	[kame:leon]
schorpioen (de)	skorpion	[skorpion]

schildpad (de)	kilpkonn	[kilʲpkonn]
kikker (de)	konn	[konn]
pad (de)	kärnkonn	[kærnkonn]
krokodil (de)	krokodill	[krokodilʲ]

183. Insecten

insect (het)	putukas	[putukas]
vlinder (de)	liblikas	[liblikas]
mier (de)	sipelgas	[sipelʲgas]
vlieg (de)	kärbes	[kærbes]
mug (de)	sääsk	[sæ:sk]
kever (de)	sitikas	[sitikas]

wesp (de)	herilane	[herilane]
bij (de)	mesilane	[mesilane]
hommel (de)	metsmesilane	[metsmesilane]
horzel (de)	kiin	[ki:n]

| spin (de) | ämblik | [æmblik] |
| spinnenweb (het) | ämblikuvõrk | [æmblikuʋɜrk] |

libel (de)	kiil	[ki:lʲ]
sprinkhaan (de)	rohutirts	[rohutirts]
nachtvlinder (de)	liblikas	[liblikas]

| kakkerlak (de) | tarakan | [tarakan] |
| mijt (de) | puuk | [pu:k] |

vlo (de)	kirp	[kirp]
kriebelmug (de)	kihulane	[kihulane]

treksprinkhaan (de)	rändtirts	[rændtirts]
slak (de)	tigu	[tigu]
krekel (de)	ritsikas	[ritsikas]
glimworm (de)	jaaniuss	[ja:niuss]
lieveheersbeestje (het)	lepatriinu	[lepatri:nu]
meikever (de)	maipõrnikas	[maipɜrnikas]

bloedzuiger (de)	kaan	[ka:n]
rups (de)	tõuk	[tɜuk]
aardworm (de)	vagel	[ʋagelʲ]
larve (de)	tõuk	[tɜuk]

184. Dieren. Lichaamsdelen

snavel (de)	nokk	[nokk]
vleugels (mv.)	tiivad	[ti:ʋat]
poot (ov. een vogel)	jalg	[jalʲg]
verenkleed (het)	sulestik	[sulesʲtik]
veer (de)	sulg	[sulʲg]
kuifje (het)	pappus	[pappus]

kieuwen (mv.)	lõpused	[lɜpuset]
kuit, dril (de)	kalamari	[kalamari]
larve (de)	vastne	[ʋasʲtne]
vin (de)	uim	[uim]
schubben (mv.)	soomus	[so:mus]

slagtand (de)	kihv	[kihʋ]
poot (bijv. ~ van een kat)	käpp	[kæpp]
muil (de)	nägu	[nægu]
bek (mond van dieren)	koon	[ko:n]
staart (de)	saba	[saba]
snorharen (mv.)	vurrud	[ʋurrut]

hoef (de)	kabi	[kabi]
hoorn (de)	sarv	[sarʋ]

schild (schildpad, enz.)	soomuskate	[so:muskate]
schelp (de)	koda	[koda]
eierschaal (de)	munakoor	[munako:r]

vacht (de)	karvad	[karʋat]
huid (de)	nahk	[nahk]

185. Dieren. Leefomgevingen

leefgebied (het)	elukeskkond	[elukeskkont]
migratie (de)	migratsioon	[migratsio:n]
berg (de)	mägi	[mægi]

| rif (het) | riff | [riff] |
| klip (de) | kalju | [kalju] |

bos (het)	mets	[mets]
jungle (de)	džungel	[dʒungelʲ]
savanne (de)	savann	[savann]
toendra (de)	tundra	[tundra]

steppe (de)	stepp	[sʲtepp]
woestijn (de)	kõrb	[kɜrb]
oase (de)	oaas	[oa:s]

zee (de)	meri	[meri]
meer (het)	järv	[jærʊ]
oceaan (de)	ookean	[o:kean]

moeras (het)	soo	[so:]
zoetwater- (abn)	mageveeline	[mageʊe:line]
vijver (de)	tiik	[ti:k]
rivier (de)	jõgi	[jɜgi]

berenhol (het)	karukoobas	[karuko:bas]
nest (het)	pesa	[pesa]
boom holte (de)	õõs	[ɜ:s]
hol (het)	urg	[urg]
mierenhoop (de)	sipelgapesa	[sipelʲgapesa]

Flora

186. Bomen

boom (de)	puu	[pu:]
loof- (abn)	lehtpuu	[lehtpu:]
dennen- (abn)	okaspuu	[okaspu:]
groenblijvend (bn)	igihaljas	[igihaljas]
appelboom (de)	õunapuu	[ɜunapu:]
perenboom (de)	pirnipuu	[pirnipu:]
zoete kers (de)	murelipuu	[murelipu:]
zure kers (de)	kirsipuu	[kirsipu:]
pruimelaar (de)	ploomipuu	[plo:mipu:]
berk (de)	kask	[kask]
eik (de)	tamm	[tamm]
linde (de)	pärn	[pæɐn]
esp (de)	haav	[ha:ʋ]
esdoorn (de)	vaher	[ʋaher]
spar (de)	kuusk	[ku:sk]
den (de)	mänd	[mænt]
lariks (de)	lehis	[lehis]
zilverspar (de)	nulg	[nulʲg]
ceder (de)	seeder	[se:der]
populier (de)	pappel	[pappelʲ]
lijsterbes (de)	pihlakas	[pihlakas]
wilg (de)	paju	[paju]
els (de)	lepp	[lepp]
beuk (de)	pöök	[pø:k]
iep (de)	jalakas	[jalakas]
es (de)	saar	[sa:r]
kastanje (de)	kastan	[kasʲtan]
magnolia (de)	magnoolia	[magno:lia]
palm (de)	palm	[palʲm]
cipres (de)	küpress	[kʉpress]
mangrove (de)	mangroovipuu	[mangro:ʋipu:]
baobab (apenbroodboom)	ahvileivapuu	[ahʋilejʋapu:]
eucalyptus (de)	eukalüpt	[eukalʉpt]
mammoetboom (de)	sekvoia	[sekʋoja]

187. Heesters

struik (de)	põõsas	[pɜ:sas]
heester (de)	põõsastik	[pɜ:sasʲtik]

| wijnstok (de) | viinamarjad | [ʋi:namarjat] |
| wijngaard (de) | viinamarjaistandus | [ʋi:namarjaisǀtandus] |

frambozenstruik (de)	vaarikas	[ʋa:rikas]
zwarte bes (de)	mustsõstra põõsas	[musǀt sɜsǀtra pɜ:sas]
rode bessenstruik (de)	punane sõstar põõsas	[punane sɜsǀtar pɜ:sas]
kruisbessenstruik (de)	karusmari	[karusmari]

acacia (de)	akaatsia	[aka:tsia]
zuurbes (de)	kukerpuu	[kukerpu:]
jasmijn (de)	jasmiin	[jasmi:n]

jeneverbes (de)	kadakas	[kadakas]
rozenstruik (de)	roosipõõsas	[ro:sipɜ:sas]
hondsroos (de)	kibuvits	[kibuʋits]

188. Champignons

paddenstoel (de)	seen	[se:n]
eetbare paddenstoel (de)	söödav seen	[sø:daʋ se:n]
giftige paddenstoel (de)	mürgine seen	[mʉrgine se:n]
hoed (de)	seenekübar	[se:nekʉbar]
steel (de)	seenejalg	[se:nejalʲg]

gewoon eekhoorntjesbrood (het)	kivipuravik	[kiʋipuraʋik]
rosse populierenboleet (de)	haavapuravik	[ha:ʋapuraʋik]
berkenboleet (de)	kasepuravik	[kasepuraʋik]
cantharel (de)	kukeseen	[kukese:n]
russula (de)	pilvik	[pilʲʋik]

morille (de)	mürkel	[mʉrkelʲ]
vliegenzwam (de)	kärbseseen	[kærbsese:n]
groene knolzwam (de)	sitaseen	[sitase:n]

189. Vruchten. Bessen

vrucht (de)	puuvili	[pu:ʋili]
vruchten (mv.)	puuviljad	[pu:ʋiljat]
appel (de)	õun	[ɜun]
peer (de)	pirn	[pirn]
pruim (de)	ploom	[plo:m]

aardbei (de)	aedmaasikas	[aedma:sikas]
zure kers (de)	kirss	[kirss]
zoete kers (de)	murel	[murelʲ]
druif (de)	viinamarjad	[ʋi:namarjat]

framboos (de)	vaarikas	[ʋa:rikas]
zwarte bes (de)	must sõstar	[musǀt sɜsǀtar]
rode bes (de)	punane sõstar	[punane sɜsǀtar]
kruisbes (de)	karusmari	[karusmari]

veenbes (de)	jõhvikas	[jзhᴜikas]
sinaasappel (de)	apelsin	[apelʲsin]
mandarijn (de)	mandariin	[mandari:n]
ananas (de)	ananass	[ananass]
banaan (de)	banaan	[bana:n]
dadel (de)	dattel	[dattelʲ]
citroen (de)	sidrun	[sidrun]
abrikoos (de)	aprikoos	[apriko:s]
perzik (de)	virsik	[ᴜirsik]
kiwi (de)	kiivi	[ki:ᴜi]
grapefruit (de)	greip	[grejp]
bes (de)	mari	[mari]
bessen (mv.)	marjad	[marjat]
vossenbes (de)	pohlad	[pohlat]
bosaardbei (de)	maasikas	[ma:sikas]
bosbes (de)	mustikas	[musʲtikas]

190. Bloemen. Planten

bloem (de)	lill	[lilʲ]
boeket (het)	lillekimp	[lilʲekimp]
roos (de)	roos	[ro:s]
tulp (de)	tulp	[tulʲp]
anjer (de)	nelk	[nelʲk]
gladiool (de)	gladiool	[gladio:lʲ]
korenbloem (de)	rukkilill	[rukkililʲ]
klokje (het)	kellukas	[kelʲukas]
paardenbloem (de)	võilill	[ᴜзililʲ]
kamille (de)	karikakar	[karikakar]
aloè (de)	aaloe	[a:loe]
cactus (de)	kaktus	[kaktus]
ficus (de)	kummipuu	[kummipu:]
lelie (de)	liilia	[li:lia]
geranium (de)	geraanium	[gera:nium]
hyacint (de)	hüatsint	[hᴜatsint]
mimosa (de)	mimoos	[mimo:s]
narcis (de)	nartsiss	[nartsiss]
Oostindische kers (de)	kress	[kress]
orchidee (de)	orhidee	[orhide:]
pioenroos (de)	pojeng	[pojeng]
viooltje (het)	kannike	[kannike]
driekleurig viooltje (het)	võõrasemad	[ᴜз:rasemat]
vergeet-mij-nietje (het)	meelespea	[me:lespea]
madeliefje (het)	margareeta	[margare:ta]
papaver (de)	moon	[mo:n]

hennep (de)	kanep	[kanep]
munt (de)	piparmünt	[piparmʉnt]
lelietje-van-dalen (het)	maikelluke	[maikelʲuke]
sneeuwklokje (het)	lumikelluke	[lumikelʲuke]
brandnetel (de)	nõges	[nɜges]
veldzuring (de)	hapuoblikas	[hapuoblikas]
waterlelie (de)	vesiroos	[ʋesiro:s]
varen (de)	sõnajalg	[sɜnajalʲg]
korstmos (het)	samblik	[samblik]
oranjerie (de)	kasvuhoone	[kasʋuho:ne]
gazon (het)	muru	[muru]
bloemperk (het)	lillepeenar	[lilʲepe:nar]
plant (de)	taim	[taim]
gras (het)	rohi	[rohi]
grasspriet (de)	rohulible	[rohulible]
blad (het)	leht	[leht]
bloemblad (het)	õieleht	[ɜieleht]
stengel (de)	vars	[ʋars]
knol (de)	sibul	[sibulʲ]
scheut (de)	idu	[idu]
doorn (de)	okas	[okas]
bloeien (ww)	õitsema	[ɜitsema]
verwelken (ww)	närtsima	[nærtsima]
geur (de)	lõhn	[lɜhn]
snijden (bijv. bloemen ~)	lõikama	[lɜikama]
plukken (bloemen ~)	murdma	[murdma]

191. Granen, graankorrels

graan (het)	vili	[ʋili]
graangewassen (mv.)	teraviljad	[teraʋiljat]
aar (de)	kõrs	[kɜrs]
tarwe (de)	nisu	[nisu]
rogge (de)	rukis	[rukis]
haver (de)	kaer	[kaer]
gierst (de)	hirss	[hirss]
gerst (de)	oder	[oder]
maïs (de)	mais	[mais]
rijst (de)	riis	[ri:s]
boekweit (de)	tatar	[tatar]
erwt (de)	hernes	[hernes]
boon (de)	aedoad	[aedoat]
soja (de)	soja	[soja]
linze (de)	lääts	[lʲæ:ts]
bonen (mv.)	põldoad	[pɜlʲdoat]

REGIONALE AARDRIJKSKUNDE

Landen. Nationaliteiten

192. Politiek. Overheid. Deel 1

politiek (de)	poliitika	[poli:tika]
politiek (bn)	poliitiline	[poli:tiline]
politicus (de)	poliitik	[poli:tik]
staat (land)	riik	[ri:k]
burger (de)	kodanik	[kodanik]
staatsburgerschap (het)	kodakondsus	[kodakondsus]
nationaal wapen (het)	riigivapp	[ri:giʋapp]
volkslied (het)	riigihümn	[ri:gihɯmn]
regering (de)	valitsus	[ʋalitsus]
staatshoofd (het)	riigijuht	[ri:gijuht]
parlement (het)	riigikogu	[ri:gikogu]
partij (de)	erakond	[erakont]
kapitalisme (het)	kapitalism	[kapitalism]
kapitalistisch (bn)	kapitalistlik	[kapitalisʲtlik]
socialisme (het)	sotsialism	[sotsialism]
socialistisch (bn)	sotsialistlik	[sotsialisʲtlik]
communisme (het)	kommunism	[kommunism]
communistisch (bn)	kommunistlik	[kommunisʲtlik]
communist (de)	kommunist	[kommunisʲt]
democratie (de)	demokraatia	[demokra:tia]
democraat (de)	demokraat	[demokra:t]
democratisch (bn)	demokraatlik	[demokra:tlik]
democratische partij (de)	demokraatlik erakond	[demokra:tlik erakont]
liberaal (de)	liberaal	[libera:lʲ]
liberaal (bn)	liberaalne	[libera:lʲne]
conservator (de)	konservaator	[konserʋa:tor]
conservatief (bn)	konservatiivne	[konserʋati:ʋne]
republiek (de)	vabariik	[ʋabari:k]
republikein (de)	vabariiklane	[ʋabari:klane]
Republikeinse Partij (de)	vabariiklik erakond	[ʋabari:klik erakont]
verkiezing (de)	valimised	[ʋalimiset]
kiezen (ww)	valima	[ʋalima]

| kiezer (de) | valija | [ʋalija] |
| verkiezingscampagne (de) | valimiskampaania | [ʋalimiskampa:nia] |

stemming (de)	hääletamine	[hæ:letamine]
stemmen (ww)	hääletama	[hæ:letama]
stemrecht (het)	hääleõigus	[hæ:leɜigus]

kandidaat (de)	kandidaat	[kandida:t]
zich kandideren	kandideerima	[kandide:rima]
campagne (de)	kampaania	[kampa:nia]

| oppositie- (abn) | opositsiooniline | [opositsio:niline] |
| oppositie (de) | opositsioon | [opositsio:n] |

bezoek (het)	visiit	[ʋisi:t]
officieel bezoek (het)	ametlik visiit	[ametlik ʋisi:t]
internationaal (bn)	rahvusvaheline	[rahʋusʋaheline]

| onderhandelingen (mv.) | läbirääkimised | [lʲæbiræ:kimiset] |
| onderhandelen (ww) | läbirääkimisi pidama | [lʲæbiræ:kimisi pidama] |

193. Politiek. Overheid. Deel 2

maatschappij (de)	ühiskond	[ɥhiskont]
grondwet (de)	konstitutsioon	[konsʲtitutsio:n]
macht (politieke ~)	võim	[ʋɜim]
corruptie (de)	korruptsioon	[korruptsio:n]

| wet (de) | seadus | [seadus] |
| wettelijk (bn) | seaduslik | [seaduslik] |

| rechtvaardigheid (de) | õiglus | [ɜiglus] |
| rechtvaardig (bn) | õiglane | [ɜiglane] |

comité (het)	komitee	[komite:]
wetsvoorstel (het)	seaduseelnõu	[seaduse:lʲnɜu]
begroting (de)	eelarve	[e:larʋe]
beleid (het)	poliitika	[poli:tika]
hervorming (de)	reform	[reform]
radicaal (bn)	radikaalne	[radika:lʲne]

macht (vermogen)	jõud	[jɜut]
machtig (bn)	tugev	[tugeʋ]
aanhanger (de)	pooldaja	[po:lʲdaja]
invloed (de)	mõju	[mɜju]

regime (het)	režiim	[reʒi:m]
conflict (het)	konflikt	[konflikt]
samenzwering (de)	vandenõu	[ʋandenɜu]
provocatie (de)	provokatsioon	[proʋokatsio:n]

omverwerpen (ww)	kukutama	[kukutama]
omverwerping (de)	kukutamine	[kukutamine]
revolutie (de)	revolutsioon	[reʋolutsio:n]

| staatsgreep (de) | riigipööre | [ri:gipø:re] |
| militaire coup (de) | sõjaväeline riigipööre | [sɜjaʋæeline ri:gipø:re] |

crisis (de)	kriis	[kri:s]
economische recessie (de)	majanduslangus	[majanduslangus]
betoger (de)	demonstrant	[demonsⁱtrant]
betoging (de)	demonstratsioon	[demonsⁱtratsio:n]
krijgswet (de)	sõjaseisukord	[sɜjasejsukort]
militaire basis (de)	sõjaväebaas	[sɜjaʋæeba:s]

| stabiliteit (de) | stabiilsus | [sⁱtabi:lⁱsus] |
| stabiel (bn) | stabiilne | [sⁱtabi:lⁱne] |

| uitbuiting (de) | ekspluateerimine | [ekspluate:rimine] |
| uitbuiten (ww) | ekspluateerima | [ekspluate:rima] |

racisme (het)	rassism	[rassism]
racist (de)	rassist	[rassisⁱt]
fascisme (het)	fašism	[faʃism]
fascist (de)	fašist	[faʃisⁱt]

194. Landen. Diversen

vreemdeling (de)	välismaalane	[ʋælisma:lane]
buitenlands (bn)	välismaine	[ʋælismaine]
in het buitenland (bw)	välismaal	[ʋælisma:lⁱ]

emigrant (de)	emigrant	[emigrant]
emigratie (de)	emigratsioon	[emigratsio:n]
emigreren (ww)	emigreerima	[emigre:rima]

Westen (het)	Lääs	[lⁱæ:s]
Oosten (het)	Ida	[ida]
Verre Oosten (het)	Kaug-Ida	[kaug-ida]

beschaving (de)	tsivilisatsioon	[tsiʋilisatsio:n]
mensheid (de)	inimkond	[inimkont]
wereld (de)	maailm	[ma:ilⁱm]
vrede (de)	rahu	[rahu]
wereld- (abn)	ülemaailmne	[ɥlema:ilⁱmne]

vaderland (het)	kodumaa	[koduma:]
volk (het)	rahvas	[rahʋas]
bevolking (de)	elanikkond	[elanikkont]
mensen (mv.)	inimesed	[inimeset]
natie (de)	rahvus	[rahʋus]
generatie (de)	põlvkond	[pɜlⁱʋkont]

gebied (bijv. bezette ~en)	territoorium	[territo:rium]
regio, streek (de)	regioon	[regio:n]
deelstaat (de)	osariik	[osari:k]

| traditie (de) | traditsioon | [traditsio:n] |
| gewoonte (de) | komme | [komme] |

ecologie (de)	ökoloogia	[økolo:gia]
Indiaan (de)	indiaanlane	[india:nlane]
zigeuner (de)	mustlane	[musᵗtlane]
zigeunerin (de)	mustlasnaine	[musᵗtlasnaine]
zigeuner- (abn)	mustlaslik	[musᵗtlaslik]

rijk (het)	impeerium	[impe:rium]
kolonie (de)	koloonia	[kolo:nia]
slavernij (de)	orjus	[orjus]
invasie (de)	kallaletung	[kalᵗæletung]
hongersnood (de)	näljahäda	[næljahæda]

195. Grote religieuze groepen. Bekentenissen

religie (de)	religioon	[religio:n]
religieus (bn)	religioosne	[religio:sne]

geloof (het)	usk	[usk]
geloven (ww)	jumalat uskuma	[jumalat uskuma]
gelovige (de)	usklik	[usklik]

atheïsme (het)	ateism	[atejsm]
atheïst (de)	ateist	[atejsᵗt]

christendom (het)	kristlus	[krisᵗtlus]
christen (de)	kristlane	[krisᵗtlane]
christelijk (bn)	kristlik	[krisᵗtlik]

katholicisme (het)	katoliiklus	[katoli:klus]
katholiek (de)	katoliiklane	[katoli:klane]
katholiek (bn)	katoliiklik	[katoli:klik]

protestantisme (het)	protestantism	[protesᵗtantism]
Protestante Kerk (de)	protestantlik kirik	[protesᵗtantlik kirik]
protestant (de)	protestant	[protesᵗtant]

orthodoxie (de)	õigeusk	[ɜigeusk]
Orthodoxe Kerk (de)	õigeusukirik	[ɜigeusukirik]
orthodox	õigeusklik	[ɜigeusklik]

presbyterianisme (het)	presbüterlus	[presbʉterlus]
Presbyteriaanse Kerk (de)	presbüterlaste kirik	[presbʉterlasᵗte kirik]
presbyteriaan (de)	presbüterlane	[presbʉterlane]

lutheranisme (het)	luteri kirik	[luteri kirik]
lutheraan (de)	luterlane	[luterlane]

baptisme (het)	baptism	[baptism]
baptist (de)	baptist	[baptisᵗt]

Anglicaanse Kerk (de)	anglikaani kirik	[anglika:ni kirik]
anglicaan (de)	anglikaan	[anglika:n]
mormonisme (het)	mormoonlus	[mormo:nlus]
mormoon (de)	mormoon	[mormo:n]

| Jodendom (het) | judaism | [judaism] |
| jood (aanhanger van het Jodendom) | juudalane | [ju:dalane] |

| boeddhisme (het) | budism | [budism] |
| boeddhist (de) | budist | [budisⁱt] |

| hindoeïsme (het) | hinduism | [hinduism] |
| hindoe (de) | hinduist | [hinduisⁱt] |

islam (de)	islam	[islam]
islamiet (de)	moslem	[moslem]
islamitisch (bn)	moslemi	[moslemi]

| sjiisme (het) | šiitlus | [ʃiːitlus] |
| sjiiet (de) | šiit | [ʃiːit] |

| soennisme (het) | sunnism | [sunnism] |
| soenniet (de) | sunniit | [sunniːt] |

196. Religies. Priesters

| priester (de) | vaimulik | [ʋaimulik] |
| paus (de) | Rooma paavst | [roːma paːʊsⁱt] |

monnik (de)	munk	[munk]
non (de)	nunn	[nunn]
pastoor (de)	pastor	[pasⁱtor]

abt (de)	abee	[abeː]
vicaris (de)	vikaar	[ʋikaːr]
bisschop (de)	piiskop	[piːskop]
kardinaal (de)	kardinal	[kardinalʲ]

predikant (de)	jutlustaja	[jutlusⁱtaja]
preek (de)	jutlus	[jutlus]
kerkgangers (mv.)	koguduse liikmed	[koguduse liːkmet]

| gelovige (de) | usklikud | [usklikut] |
| atheïst (de) | ateist | [atejsⁱt] |

197. Geloof. Christendom. Islam

| Adam | Aadam | [aːdam] |
| Eva | Eeva | [eːʋa] |

God (de)	Jumal	[jumalʲ]
Heer (de)	Issand	[issant]
Almachtige (de)	Kõigevägevam	[kɜigeʋægeʋam]

| zonde (de) | patt | [patt] |
| zondigen (ww) | pattu tegema | [pattu tegema] |

| zondaar (de) | patustaja | [patustaja] |
| zondares (de) | patustaja | [patustaja] |

| hel (de) | põrgu | [pɜrgu] |
| paradijs (het) | paradiis | [paradi:s] |

| Jezus | Jeesus | [je:sus] |
| Jezus Christus | Jeesus Kristus | [je:sus kristus] |

Heilige Geest (de)	Püha Vaim	[pʉha ʋaim]
Verlosser (de)	Päästja	[pæ:stja]
Maagd Maria (de)	Jumalaema	[jumalaema]

duivel (de)	kurat	[kurat]
duivels (bn)	kuratlik	[kuratlik]
Satan	saatan	[sa:tan]
satanisch (bn)	saatanlik	[sa:tanlik]

engel (de)	ingel	[ingelʲ]
beschermengel (de)	päästeingel	[pæ:stejngelʲ]
engelachtig (bn)	ingellik	[ingelʲik]

apostel (de)	apostel	[apostelʲ]
aartsengel (de)	peaingel	[peaingelʲ]
antichrist (de)	antikristus	[antikristus]

Kerk (de)	kirik	[kirik]
bijbel (de)	piibel	[pi:belʲ]
bijbels (bn)	piibli-	[pi:bli-]

Oude Testament (het)	Vana Testament	[ʋana testament]
Nieuwe Testament (het)	Uus Testament	[u:s testament]
evangelie (het)	Evangeelium	[eʋange:lium]
Heilige Schrift (de)	Pühakiri	[pʉhakiri]
Hemel, Hemelrijk (de)	Taevas, Taevariik	[taeʋas, taeʋari:k]

gebod (het)	käsk	[kæsk]
profeet (de)	prohvet	[prohʋet]
profetie (de)	ettekuulutus	[etteku:lutus]

Allah	Allah	[alʲæh]
Mohammed	Muhamed	[muhamet]
Koran (de)	Koraan	[kora:n]

moskee (de)	mošee	[moʃe:]
moellah (de)	mulla	[mulʲæ]
gebed (het)	palve	[palʲʋe]
bidden (ww)	palvetama	[palʲʋetama]

pelgrimstocht (de)	palverändamine	[palʲʋerændamine]
pelgrim (de)	palverändur	[palʲʋerændur]
Mekka	Meka	[meka]

kerk (de)	kirik	[kirik]
tempel (de)	pühakoda	[pʉhakoda]
kathedraal (de)	katedraal	[katedra:lʲ]

gotisch (bn)	gooti	[go:ti]
synagoge (de)	sünagoog	[sʉnago:g]
moskee (de)	mošee	[moʃe:]
kapel (de)	kabel	[kabelʲ]
abdij (de)	abtkond	[abtkont]
nonnenklooster (het)	nunnaklooster	[nunnaklo:sʲter]
mannenklooster (het)	mungaklooster	[mungaklo:sʲter]
klok (de)	kirikukell	[kirikukelʲ]
klokkentoren (de)	kellatorn	[kelʲætorn]
luiden (klokken)	kella lööma	[kelʲæ lø:ma]
kruis (het)	rist	[risʲt]
koepel (de)	kuppel	[kuppelʲ]
icoon (de)	ikoon	[iko:n]
ziel (de)	hing	[hing]
lot, noodlot (het)	saatus	[sa:tus]
kwaad (het)	kurjus	[kurjus]
goed (het)	headus	[headus]
vampier (de)	vampiir	[ʋampi:r]
heks (de)	nõid	[nɜit]
demoon (de)	deemon	[de:mon]
geest (de)	vaim	[ʋaim]
verzoeningsleer (de)	lunastamine	[lunasʲtamine]
vrijkopen (ww)	lunastama	[lunasʲtama]
mis (de)	jumalateenistus	[jumalate:nisʲtus]
de mis opdragen	teenima	[te:nima]
biecht (de)	pihtimus	[pihtimus]
biechten (ww)	pihtima	[pihtima]
heilige (de)	püha	[pʉha]
heilig (bn)	püha	[pʉha]
wijwater (het)	püha vesi	[pʉha ʋesi]
ritueel (het)	kombetalitus	[kombetalitus]
ritueel (bn)	rituaalne	[ritua:lʲne]
offerande (de)	ohverdamine	[ohʋerdamine]
bijgeloof (het)	ebausk	[ebausk]
bijgelovig (bn)	ebausklik	[ebausklik]
hiernamaals (het)	hauatagune elu	[hauatagune elu]
eeuwige leven (het)	igavene elu	[igaʋene elu]

DIVERSEN

198. Diverse nuttige woorden

achtergrond (de)	foon	[fo:n]
balans (de)	bilanss	[bilanss]
basis (de)	baas	[ba:s]
begin (het)	algus	[alʲgus]
beurt (wie is aan de ~?)	järjekord	[jærjekort]

categorie (de)	kategooria	[katego:ria]
comfortabel (~ bed, enz.)	mugav	[mugaʋ]
compensatie (de)	kompensatsioon	[kompensatsio:n]
deel (gedeelte)	osa	[osa]

deeltje (het)	osake	[osake]
ding (object, voorwerp)	asi	[asi]
dringend (bn, urgent)	kiire	[ki:re]
dringend (bw, met spoed)	kiiresti	[ki:resʲti]
effect (het)	efekt	[efekt]

eigenschap (kwaliteit)	omadus	[omadus]
einde (het)	lõpp	[lɜpp]
element (het)	element	[element]
feit (het)	tõsiasi	[tɜsiasi]
fout (de)	viga	[ʋiga]

geheim (het)	saladus	[saladus]
graad (mate)	aste	[asʲte]
groei (ontwikkeling)	kasv	[kasʋ]
hindernis (de)	tõke	[tɜke]
hinderpaal (de)	takistus	[takisʲtus]

hulp (de)	abi	[abi]
ideaal (het)	ideaal	[idea:lʲ]
inspanning (de)	jõupingutus	[jɜupingutus]
keuze (een grote ~)	valik	[ʋalik]
labyrint (het)	labürint	[labɵrint]

manier (de)	viis	[ʋi:s]
moment (het)	moment	[moment]
nut (bruikbaarheid)	kasu	[kasu]
onderscheid (het)	erinevus	[erineʋus]

ontwikkeling (de)	areng	[areng]
oplossing (de)	lahendamine	[lahendamine]
origineel (het)	originaal	[origina:lʲ]
pauze (de)	paus	[paus]
positie (de)	positsioon	[positsio:n]
principe (het)	põhimõte	[pɜhimɜte]

probleem (het)	probleem	[proble:m]
proces (het)	protsess	[protsess]
reactie (de)	reaktsioon	[reaktsio:n]

reden (om ~ van)	põhjus	[pɜhjus]
risico (het)	risk	[risk]
samenvallen (het)	kokkulangevus	[kokkulangeʋus]
serie (de)	seeria	[se:ria]

situatie (de)	situatsioon	[situatsio:n]
soort (bijv. ~ sport)	ala	[ala]
standaard (bn)	standardne	[sʲtandardne]
standaard (de)	standard	[sʲtandart]
stijl (de)	stiil	[sʲti:lʲ]

stop (korte onderbreking)	seisak	[sejsak]
systeem (het)	süsteem	[sʉsʲte:m]
tabel (bijv. ~ van Mendelejev)	tabel	[tabelʲ]
tempo (langzaam ~)	tempo	[tempo]
term (medische ~en)	mõiste	[mɜisʲte]

type (soort)	tüüp	[tʉ:p]
variant (de)	variant	[ʋariant]
veelvuldig (bn)	sagedane	[sagedane]
vergelijking (de)	võrdlus	[ʋɜrtlus]
voorbeeld (het goede ~)	näide	[næjde]

voortgang (de)	progress	[progress]
voorwerp (ding)	ese	[ese]
vorm (uiterlijke ~)	vorm	[ʋorm]
waarheid (de)	tõde	[tɜde]
zone (de)	tsoon	[tso:n]